Retriever

sportlich & gesund

> Autorin: Brigitte Schneidermann | Fotos: Ulrike Schanz

Inhalt

Kennenlern-Programm

Fit-und-gesund-Programm

Wohlfühl-Heim

Beschäftigungs-Programm

Anhang

Kennenlern-Programm

Retriever stellen sich vor

Obwohl Retriever Jagdhunde sind, haben sie sich als wunderbare Familienhunde bewährt. In ihren Ursprungsländern Großbritannien, USA und Kanada wurden sie für die »Jagd nach dem Schuss« gezüchtet. Dabei ist es ihre Aufgabe, erlegtes Wild zu finden und dem Jäger zu bringen. Doch bei aller Jagdpassion ist ihr Wesen ruhig und sicher, denn sie müssen geduldig warten können, bis sie zum »Apport« geschickt werden. Aus dieser Aufgabe wurde ihr Name abgeleitet: »to retrieve« heißt im Englischen »apportieren«. Dank ihrer guten Nase und Ausdauer werden sie auch als Rettungs-, Lawinen-, Drogensuch- und Blindenhunde eingesetzt. Eine weitere Eigenschaft ist ihre ausgeprägte Wasserfreude. Mit ihrer hohen Intelligenz, ihrem angeborenen Bringtrieb, ihrer Geduld und Anhänglichkeit sind sie meist sehr leichtführig (→ Seite 11). Sie lernen gerne und zumindest bei vier der sechs Rassen – Curly Coated und Chesapeake Bay Retriever haben Schutztrieb – ist die Erziehung einfacher als bei anderen Jagdhunden.

Man kann sich kaum einen treueren Vierbeiner vorstellen, als den Labrador. Ein großer Schmuser und sportlicher Begleiter.

Herkunft und Geschichte

Die Vorfahren der verschiedenen Retriever-Rassen sind recht unterschiedlich. Gemeinsamer Urahne der Retriever in Großbritannien ist aber der Smaller Newfoundland oder St. John's Dog. Die Rasse ist inzwischen ausgestorben. Es waren harte, widerstandsfähige Jagdhunde, die im eisigen Wasser vor Neufundland zum Einsatz kamen. Von dort wurden sie Anfang des 19. Jahrhunderts von britischen Seeleuten nach England gebracht und mit »Apportierhunden« gekreuzt.

➤ Die älteste Retriever-Rasse ist der **Curly Coated Retriever**. Er soll von kraushaarigen englischen Wasserhunden abstammen, die mit setterartigen Hunden, mit Pudeln und Irish Water Spaniels gekreuzt wurden und später auch mit dem St. John's Dog. Die Curlies waren erstmals 1860 auf einer Hundeausstellung in Birmingham zu sehen.

➤ Die neueren Rassen stammen alle vom Wavy Coated Retriever ab, einem kräftigen Hund mit welligem Fell. Die **Flat Coated Retriever** sehen ihm heute noch am ähnlichsten. Ihnen galt auch die besondere Liebe von Mr. Shirley, dem 1. Sekretär des Englischen Kennel Clubs. Er begann 1876, die ersten Retriever-Rassen zu registrieren.

➤ Die ersten **Labrador Retriever** sahen nicht viel anders aus als heute, waren aber meistens schwarz. Im Jahr 1916 gründete in England A. Holland-Hibbert mit Lady Howe den Labrador Retriever Club. Heute sind auch gelbe und schokoladenfarbene Labrador Retriever anerkannt.

➤ Am populärsten sind sicherlich die **Golden Retriever**, die ihren Namen seit 1920 tragen. Erst 1913 wurden sie vom Kennel Club als »Retriever gelb oder golden« anerkannt. Noch im selben Jahr gründete Mrs. H. M. Charlesworth den Golden Retriever Club in England.

➤ Die **Chesapeake Bay Retriever** sind nach der gleichnamigen Bucht an der nordamerikanischen Ostküste benannt. Auch ihr Stammvater ist der St. John's Dog. Aus Nachfahren dieser Rasse entstanden zunächst die Chesapeake Bay Ducking Dogs und dann die heutigen Chesapeake Bay Retriever, die in den USA und Kanada sehr weit verbreitet sind.

➤ Die **Nova Scotia Duck Tolling Retriever** stammen von der kanadischen Halbinsel Nova Scotia – daher der erste Teil ihres Namens. »Duck Tolling« heißen sie, weil sie zur Entenjagd verwendet werden (engl. *duck* Ente). Im Jahr 1945 wurde die Rasse beim Kanadischen Kennel Club registriert.

Passt ein Retriever zu mir?

	Ja	Nein
1. Sind alle Familienmitglieder damit einverstanden, dass ein Hund ins Haus kommt?	☐	☐
2. Ist jemand in der Familie allergisch gegen Hundehaare (eventuell testen lassen)?	☐	☐
3. Ist laut Mietvertrag Hundehaltung erlaubt?	☐	☐
4. Können Sie für die nächsten 10–15 Jahre die Verantwortung für Ihren Retriever übernehmen?	☐	☐
5. Ist sicher gestellt, dass der erwachsene Hund nie länger als vier Stunden alleine ist?	☐	☐
6. Wollen Sie einen Hund, der zu Mensch und Tier freundlich ist? Retriever sind keine Schutzhunde.	☐	☐
7. Sind Sie ein aktiver Mensch, der seinen Hund gerne beschäftigt und viel mit ihm trainiert?	☐	☐
8. Können Sie jährlich etwa 2500 € (Steuer, Versicherung, Futter, Tierarzt) aufbringen?	☐	☐

Wenn Sie alle Fragen mit »Ja« beantwortet haben, passt ein Retriever prima zu Ihnen. Lautete Ihre Antwort einmal »Nein«, sollten Sie die Anschaffung dieses Hundes noch einmal gründlich überdenken und vielleicht besser eine andere Rasse wählen.

Retriever – tolle Familienhunde

Dank ihrer Freundlichkeit und ihres sanften, geduldigen Wesens sind Retriever als Familienhunde so beliebt. Wurden sie verantwortungsbewusst gezüchtet, gut aufgezogen und sozialisiert, kann man sich kaum anhänglichere und unkompliziertere

Dream-Team: Retriever und Kind. Doch bitte nie ohne Aufsicht lassen.

Begleiter vorstellen. Und perfekt ist das Hundeglück, wenn der Retriever eng in das Familienleben einbezogen wird und oft lange Spaziergänge, eine interessante Beschäftigung und Schwimmgelegenheiten genießen darf.

Erziehung muss sein

Retriever sind im Haus zwar sehr ruhige und anhängliche Hunde, doch sie besitzen auch Intelligenz und Ausdauer. Sie fordern ihren Menschen, wollen lernen und brauchen sehr viel Auslauf und Beschäftigung. Alle Retriever-Rassen apportieren und schwimmen für ihr Leben gern, und die kleineren Duck Toller sind ein Geheimtipp für Agility-Fans.

➤ Man muss diese großen Hunde aber natürlich unbedingt konsequent erziehen. Zumindest ein Begleithunde-Kurs ist für einen Retriever ein absolutes Muss.

➤ Besitzt man einen Retriever mit hoher Jagdpassion, stellt das besondere Ansprüche an die Erziehung. Sie müssen ihm beibringen, dass Kaninchen nicht gejagt und Enten nicht aufgescheucht werden dürfen. Bieten Sie Ihrem Retriever eine Ersatzbeschäftigung: Von Ihrem Züchter und über die verschiedenen Retrieverclubs erfahren Sie, wo es Kurse zur Dummy-Arbeit gibt. Sie ersetzt die Arbeit mit dem Wild und gibt den Retrievern Gelegenheit, ihre Anlagen auszuleben (→ Seite 48).

TIPP

Hund und Kind

➤ Lassen Sie Kinder bis zu fünf Jahren nie mit Ihrem Retriever allein. Sie können ihre Kräfte noch nicht einschätzen und dem Tier, ohne es zu wollen, weh tun. In diesem Alter verstehen sie noch nicht, wenn der Hund seine Ruhe haben will. Auch der gutmütigste Vierbeiner kann in Extremsituationen schnappen.

➤ Lassen Sie Kinder bis zum Teenager-Alter nicht mit Ihrem Retriever allein Gassi gehen. Selbst wenn Ihr Hund gut erzogen und nicht aggressiv ist – greift ein anderer ihn an, ist Ihr Kind hoffnungslos überfordert.

Dieser Retriever versteht sich prima mit »seiner« Katze. Er kennt sie von klein auf und weiß, dass sie zum Familien-Rudel gehört. Bei einer fremden Katze kann das anders sein, deshalb bitte Vorsicht.

Prima Spielgefährten

Die meisten Retriever sind ausgesprochen kinderlieb und machen fast alles mit. Meine Flatcoats haben Hüte und T-Shirts, die die Nachbarskinder ihnen »verpasst« haben, mit Würde über sich ergehen lassen. Unermüdlich haben sie jeden geworfenen Ball zurückgebracht und versteckte Stofftiere gesucht. Trotzdem muss man Kindern unbedingt beibringen, Tiere zu respektieren und ihnen auf keinen Fall weh zu tun oder sie gar zu quälen. Wenn sich die vierbeinigen Freunde zurückziehen, weil sie ihre Ruhe brauchen, müssen Kinder lernen, das zu akzeptieren.

Wichtig: Behalten Sie das Spiel zwischen Kind und Hund stets im Auge!

Retriever und andere Heimtiere

An andere Heimtiere sollten Sie Ihren Retriever am besten schon im Welpenalter gewöhnen. Die Chance, dass er lernt, die Zeichen des anderen Tiers richtig zu deuten, ist dann größer als später im Alter. Lernt Ihr Retriever frühzeitig, dass die anderen Heimtiere ebenfalls zum Familienrudel gehören, gibt es selten Schwierigkeiten. Trotzdem ist immer Vorsicht angebracht.

➤ Katzen, die keine Hunde gewöhnt sind, können für diese gefährlich werden. Doch auch wenn sich die beiden kennen, kann der Futterneid ein Problem sein: Katzenfutter ist für viele Hunde unwiderstehlich. Meine Flatcoats werden ab und zu schwach und Nicky, unsere Katze, steht dann vor ihrem leeren Napf.

➤ Für Kaninchen und Nager können Retriever gefährlich werden, wenn ihr Jagdtrieb mit ihnen durchgeht.

Bitte lassen Sie Ihre Tiere nie ohne Aufsicht!

Augen auf beim Kauf

Je nachdem, für welche Rasse Sie sich entscheiden – es ist manchmal nicht ganz einfach, auf Anhieb einen Hund zu bekommen. Gute Züchter haben meistens eine Warteliste mit Interessenten. Auskunft

Nur sehr selten findet man einen reinrassigen »Golden« im Tierheim.

über geplante Würfe oder Welpen, die abzugeben sind, erhalten sie von den dem VDH (Verband für das Deutsche Hundewesen) angeschlossenen Vereinen wie dem Deutschen Retriever Club (DRC), dem Golden Retriever Club (GRC) und dem Labrador Club Deutschland (LCD). Auch wenn Sie einen Hund im Ausland kaufen, sollte der Züchter unbedingt einem Verein angehören, der der FCI (Fédération Cynologique International) angeschlossen ist (→ Adressen, Seite 60). Kaufen Sie nie einen Hund bei gewerbsmäßigen Hundezüchtern; Sie unterstützen damit »Hundefabriken« mit zum Teil katastrophalen Haltungsbedingungen. Verdächtig sind auch Zeitungsannoncen, in denen mehrere Rassen angeboten werden.

Ein Hundekind

Wenn Sie einen kleinen Retriever von Anfang an haben wollen, um ihn aufwachsen zu sehen und ihn auch selbst zu erziehen, sollten Sie mehrere Züchter persönlich besuchen. Lassen Sie sich Zeit und bereiten Sie sich gut auf Ihren Welpen vor. Das Interesse, sich vor dem Kauf zu »beschnuppern«, ist durchaus gegenseitig, denn einem seriösen Züchter ist es wichtig, dass seine Welpen in gute Hände kommen und ein Hundeleben lang dort bleiben. **Übrigens:** Zu einem erwachsenen Hund, der verträglich und nicht schon sehr alt ist, passt ein Welpe ohne weiteres.

TIPP

Rüde oder Hündin?

- Hündinnen sind leichter zu erziehen als Rüden. Allerdings gilt auch hier: Ausnahmen bestätigen die Regel.
- Rüden sind größer und stärker als Hündinnen. Bei konsequenter und liebevoller Erziehung kommt aber auch eine zierliche Person mit einem großen Hund zurecht.
- Ein wichtiges Kriterium: Welche Hunde leben in Ihrer Nachbarschaft? Sind es nur Rüden und Sie wählen eine Hündin, werden Sie normalerweise keine Rangordnungskämpfe erleben müssen. Nur wenn sie läufig ist, sitzen eventuell »Verehrer« vor Ihrer Haustür.

Kriterien für die Wahl

Bevor Sie sich für ein Tier entscheiden, sollten Sie folgende Punkte beachten:

➤ Wie geht der Züchter mit den Hunden um? Sind die Tiere gesund und gepflegt? Ein Züchter, der seinen erwachsenen Hunden nicht genug Aufmerksamkeit und Pflege zuteil werden lässt, versorgt auch Welpen nicht optimal.

➤ Sind die Tiere freundlich und selbstsicher oder eher zurückhaltend und sogar ängstlich? Für die künftige Wesensentwicklung ist das Verhalten im Welpenalter bereits entscheidend.

➤ Schauen Sie sich die Hunde genau an. Auch wenn sie dem Standard entsprechen, können Typ und Temperament sehr stark variieren.

➤ Ein guter Züchter wird einen Welpen nie per Telefon oder Internet verkaufen.

➤ Hält der Züchter seine Tiere in Zwingern, kaufen Sie nicht! Dies ist in meinen Augen Tierquälerei. Hunde sind soziale Wesen und wollen nah bei ihren Menschen sein.

Ein erwachsener Hund

Vielleicht möchten Sie aber lieber einem erwachsenen Hund ein Heim bieten. Z. B. vermittelt der DRC erwachsene Retriever, die ein neues Zuhause suchen. Die Integration solcher Retriever in die neue Familie gelingt meistens sehr gut. Manchmal sind auch in Tierheimen reinrassige Retriever zu finden. Bedenken Sie aber: Sie wissen nicht, welch schlechte Erfahrungen so ein Hund in seinem bisherigen Leben gemacht hat. Mit viel Liebe, Geduld und konsequenter Erziehung werden Sie aber auch in einem Tierheim-Hund einen treuen Gefährten finden, der mit Ihnen durch Dick und Dünn geht.

> *Lernen Sie Ihren Liebling schon vor dem Kauf beim Züchter kennen.*

GUT ZU WISSEN

Kleines Retriever-ABC

Diese Fachbegriffe tauchen in den folgenden Portäts auf und werden von Züchtern verwendet:

✔ **Befederung:** Lange Haare an Rute und Läufen.

✔ **Gangwerk:** Typischer Bewegungsablauf oder Gangart des Hundes.

✔ **Leichtführigkeit:** Hunde, die leicht auszubilden und willig sind, mit Ihrem Halter zusammenzuarbeiten.

✔ **Rute:** Schwanz des Hundes.

✔ **Standard:** Von der FCI anerkannte Rassebeschreibung.

✔ **Stopp:** Absatz von der Stirn zum Nasenrücken, der zum Beispiel beim Labrador ausgeprägt sein soll.

Golden Retriever

Schulterhöhe & Gewicht:
Rüde: 56–61 cm, 35–38 kg
Hündin: 51–56 cm, 27–30 kg
Aussehen: Harmonischer Körperbau; mächtiger Brustkorb; kurze Lenden; tiefe, gewölbte Rippen. Schädel ausgeglichen mit deutlichem Stopp; breiter Oberkopf; Fang kräftig, breit. Nase schwarz; Augen dunkelbraun; Ohren mittelgroß. Vorderläufe gerade; Hinterläufe muskulös; gute Kniewinkelung; runde »Katzenpfoten«. Rute in Höhe der Rückenlinie angesetzt. Gangwerk elegant.
Fell & Farbe: Glatt bis wellig; Rute und Läufe gut befedert. Gold bis cremefarben.
Wesen: Ruhig, freundlich, intelligent, wasserbegeistert, arbeitsfreudig.
Haltung & Pflege: Braucht viel Beschäftigung und Auslauf. Bürsten und Kämmen nach Bedarf; einmal monatlich trimmen.
Besonderheit: Der »schmelzende Ausdruck« der Augen bei Hündinnen (→ Seite 14).

Labrador Retriever

Schulterhöhe & Gewicht:
Rüde: 56–57 cm, 34–57 kg
Hündin: 54–56 cm, 26–30 kg
Aussehen: Kräftiger Körperbau; tiefe Brust; breite Rippen; gerader Rücken; kurze Lenden. Schädel breit mit deutlichem Stopp; kräftiger Kiefer. Nase mit großen Nasenlöchern; Augen mittelgroß, braun; relativ kleine Ohren. Vorderläufe gerade; Hinterhand stark bemuskelt; gute Kniewinkelung; Pfoten kompakt mit dicken Ballen. Gangwerk raumgreifend.
Fell & Farbe: Kurz, dicht, glatt, fühlt sich hart an. Schwarz, gelb (von creme bis beinahe fuchsrot), schokoladenbraun.
Wesen: Aktiv, arbeitsfreudig, wasserbegeistert, freundlich und intelligent; sehr sensibel und anpassungsfähig.
Haltung & Pflege: Viel Beschäftigung und Auslauf. Ab und zu Bürsten, danach Fell mit feuchtem Fensterleder abreiben.
Besonderheit: Die Otterrute (→ Seite 14).

Curly Coated Retriever

Schulterhöhe & Gewicht :
Rüde: 68,5 cm, 36–40 kg
Hündin: 63,5 cm, 30–36 kg
Aussehen: kräftiger Körperbau; gut gewölbte Rippen. Langer Kopf mit flachem Schädel; kräftige Kiefer. Augen schwarz oder dunkelbraun; Ohren klein, mit kurzen Locken bedeckt. Kräftige Vor- und Hinterhand. Gerade Rute, verjüngt sich zur Spitze, mit Locken bedeckt, wird nie hoch- oder eingerollt getragen. Gangwerk raumgreifend.
Fell & Farbe: Kleine Locken (Curls) bedecken den ganzen Körper; ab Schädelmitte bis zur Nase glattes, kurzes Haar; schwarz oder leberfarben.
Wesen: freundlich, Fremden gegenüber zurückhaltend; hat Wach- und Schutztrieb.
Haltung & Pflege: Braucht viel Platz, Beschäftigung und Auslauf. Fell ab und zu mit Fingern durchkneten; selten bürsten.
Besonderheit: Haart nicht, beim Haarwechsel fallen ganze Locken aus.

Flat Coated Retriever

Schulterhöhe & Gewicht:
Rüde; 58–61 cm, 33–37 kg
Hündin: 56–59 cm, 28–33 kg
Aussehen: Eleganter Körperbau; kräftige Knochen; tiefe Brust; ovale Rippen. Schädel lang; mittlere Breite; nur leichter Stopp; Kiefer lang, kräftig. Augen mandelförmig, mittelgroß, dunkel- oder haselnussbraun; Ohren klein. Vorder- und Hinterläufe gerade; Hinterhand muskulös; Kniewinkelung moderat; Pfoten rund, kompakt mit dicken Ballen. Rute gut angesetzt, kurz und gerade. Gangwerk frei und fließend.
Fell & Farbe: Dicht, glatt; Rute und Läufe gut befedert. Schwarz oder leberfarben.
Wesen: Lebhaft, bis ins Alter verspielt, intelligent, sensibel, arbeitswillig, wasserbegeistert.
Haltung & Pflege: Benötigt viel Beschäftigung und Auslauf. Zu wenig Zuwendung belastet sehr. Bürsten und Kämmen nach Bedarf; alle vier Wochen trimmen.
Besonderheit: Jagdpassion.

Chesapeake Bay Retriever

Schulterhöhe & Gewicht:
Rüde: 65 cm, 34 kg
Hündin: 60 cm, 29 kg
Aussehen: Kräftiger Körperbau; breite, tiefe Brust; mittellanger Rumpf; kräftige Flanken. Schädel breit mit mittlerem Stopp; Fang mittellang, keilförmig. Augen mittelgroß, gelb bis honigfarben; Ohren hoch angesetzt, klein. Läufe kräftig, gerade, gut bemuskelt; Pfoten fest; Zehen gut geschlossen. Rute mittellang, mäßige Befederung erlaubt. Gangwerk fließend.
Fell & Farbe: Dicht, max. 4 cm lang; an Hals, Schulter und Rücken gewellt; an Kopf und Läufen glatt. Braun bis strohfarben. Kleine weiße Flecken an Brust oder Zehen gestattet.
Wesen: Ruhig, mutig, intelligent, gutmütig, jagdpassioniert, sehr wasserfreudig,
Haltung & Pflege: Braucht viel Beschäftigung und Auslauf. Bürsten und mit feuchtem Fensterleder abreiben.
Besonderheit: Schutztrieb.

Nova Scotia Duck Tolling Retriever

Schulterhöhe & Gewicht:
Rüde: 48–51 cm, 20–23 kg
Hündin: 45–48 cm, 17–20 kg
Aussehen: Mittelgroßer, kraftvoller, kompakter Körperbau. Kopf etwas keilförmig; Schädel breit, gerundet, mäßiger Stopp. Augen mandelförmig, bernsteinfarben oder braun; Ohren dreieckig, mittelgroß. Läufe gerade, starkknochig; Hinterhand muskulös; Pfoten rund mit dicken Ballen. Rute am Ansatz breit, üppig befedert, wird unterhalb der Rückenlinie getragen. Gangwerk kraftvoll.
Fell & Farbe: Mittellang, weich, am Rücken leicht gewellt, sonst glatt; Befederung weich. Rot- oder Orange-Töne; Blesse an der Brust oder weiße Tupfer an Rutenspitze und Pfoten erlaubt.
Wesen: Intelligent, wasserfreudig, ausdauernd, spielfreudig.
Haltung & Pflege: Braucht viel Bewegung und Auslauf. Bürsten und Kämmen nach Bedarf; alle 2 Monate etwas trimmen.
Besonderheit: Liebt Agility.

Fragen rund um die Retriever-Rassen

? Wir möchten uns einen Golden Retriever zulegen. Was zeichnet diese Rasse besonders aus?
Der Golden Retriever ist ein sehr attraktiver, sanfter, kinderlieber Hund mit unglaublich viel Charme. Er ist der »Beau« unter den Retrievern und außerdem der ruhigste. Er ist nervenstark und nie hektisch. Speziell die Hündinnen haben oft einen Augenausdruck, den man im englischen Standard »melting expression« (schmelzender Ausdruck) nennt. Typisch sind auch die langen Haare an Rute und Läufen (Befederung).

? Wie unterscheidet sich der Labrador Retriever von den anderen Retrievern?
Labrador Retriever sind richtige Kumpel, die so ziemlich alles mitmachen. Typisch und im Standard festgeschrieben ist die »Otterrute«. Sie ist im Ansatz dick und verjüngt sich zur Rutenspitze hin. Das kurze, harte Fell ist pflegeleicht. Gelbe Labradors haaren das ganze Jahr etwas, schwarze und schokoladenfarbene machen den normalen Fellwechsel durch. Charakterunterschiede über das normale Maß hinaus sind bei den Farbschlägen nicht festzustellen.

? Lieben alle Retriever-Rassen Wasser- und Apportierspiele?
Ja, ohne Unterschied. Retriever sind ja für die Wasserjagd gezüchtet. Auch als Familienhunde haben sie ihre Leidenschaft für das Wasser bewahrt. Sie besitzen sogar eine Art Schwimmhaut zwischen den Zehen. Achten Sie beim Trimmen darauf, dass Sie diese nicht verletzen. Alle Rassen haben außerdem eine wasserabweisende Unterwolle.

? Uns würde ein Flat Coated Retriever gefallen. Warum kennt man diese Rasse kaum? Welche Merkmale zeichnen sie aus?
Der Flat Coated Retriever war bei den Adeligen in England einst sehr beliebt, weil er elegant und zugleich arbeitsfreudig ist. Er kam von der Jagd, wurde gebürstet und konnte sofort im Schauring glänzen.

Charaktersache: Entscheiden Sie im Familienrat, welche Rasse am besten zu Ihnen passt.

Deshalb galt er als »dual purpose-Hund«, also als Hund, der sowohl für die Arbeit als auch für Ausstellungen eingesetzt werden konnte. Ab Ende des 19. und zu Beginn des 20. Jahrhunderts wurde er vom Labrador verdrängt. Dank einiger Liebhaber in England erholte sich die Population nach dem 2. Weltkrieg wieder. Flatcoats sind sehr temperamentvolle, sensible Hunde. Sie sind bis ins hohe Alter verspielt und wollen für ihren Halter »arbeiten«. Typisch ist die nie still stehende Rute.

? Ich habe noch nie einen Curly Coated Retriever gesehen. Gibt es diese Rasse bei uns? Was können Sie mir über ihr Wesen sagen?

Es gibt sie, aber sie sind sehr selten. Das Aussehen dieser ältesten englischen Retriever-Rasse ist so ungewöhnlich, dass man entweder sofort von ihr begeistert ist oder ihr keinen zweiten Blick schenkt. Sie gelten als die »Aristokraten« unter den Retrievern und sind zwar temperamentvoll bei der Arbeit, ansonsten aber geradezu vornehm. Curly Coated Retriever brauchen einen erfahrenen Hundeführer, der sie konsequent erzieht und ihnen viel Beschäftigung bietet. Dann sind sie wunderbare Begleiter mit einem sehr treuen Charakter.

? Sind nordamerikanische Retriever anders als ihre englischen Verwandten?

Chesapeake Bay Retriever sind sehr robust, ruhig und ausgeglichen mit fast unerschütterlichem Wesen. Sie haben den stärksten Schutztrieb unter den Retrievern, sind intelligent, sensibel und haben eine starke Bindung an ihre Familie. Sie brauchen viel Auslauf und wollen arbeiten. Sind sie unterbeschäftigt, werden sie unglücklich. Gut erzogen und sozialisiert neigen sie auch nicht zu Streit mit anderen Hunden.
Die Nova Scotia Duck Tolling Retriever gewinnen immer mehr Freunde, weil sie kleiner sind als die anderen Retriever-Rassen. Die temperamentvollen Kerlchen haben Freude an Agility und sind für Kinder wunderbare Spielgefährten. Sie sind wachsam, wollen respektiert werden, haben nicht ganz den Langmut der größeren Retriever und bellen auch etwas mehr als diese. Gegenüber Fremden sind sie eher zurückhaltend.

MEINE TIPPS FÜR SIE

Brigitte Schneidermann

Daran erkennen Sie einen guten Züchter

- Er beantwortet ausführlich alle Fragen zu seiner Rasse.
- Interessieren Sie sich ernsthaft für einen Welpen, erläutert er die Abstammung seiner Zuchthunde. Er zeigt ihre HD-, Augenuntersuchungs- und andere erforderlichen Gesundheits- und Ausstellungsergebnisse oder -prüfungen inklusive den entsprechenden Unterlagen.
- Er hat weder zu viele Zuchthunde noch mehrere Würfe gleichzeitig zu betreuen.
- Die Welpen werden möglichst in der Wohnung oder aber im Haus mit engem Familienanschluss liebevoll großgezogen.
- Er wird Sie beim Welpenkauf beraten und ausführlich nach Ihrer Familiensituation und Ihren Wohnverhältnissen fragen.
- Er wird sich erkundigen, wer Ihren Retriever betreut, wenn Sie im Urlaub sind oder aus irgendeinem Grunde ausfallen sollten.

Wohlfühl-Heim

Willkommen zu Hause

Wenn Ihr Welpe mindestens 49 Tage alt, geimpft und gesund ist, kommt der große Tag: Sie bringen ihn in sein neues Heim. Für den kleinen Kerl ist das ein großer Schritt, denn er muss Geschwister und Mutter verlassen. Gehen Sie deshalb ganz besonders behutsam und liebevoll mit ihm um, dann wird er die Umstellung gut verkraften.

> Nach der Ankunft zu Hause bringen Sie den Welpen erst einmal auf eine Wiese.

Die Heimfahrt

Damit die Fahrt ins neue Zuhause für das Hundekind so stressfrei wie möglich ist, sollten Sie nicht am Freitagnachmittag zur »Rush Hour« fahren. Es ist sehr wichtig, dass Sie eine zweite Person begleitet, die sich während der Fahrt um den Welpen kümmert.

➤ Transportieren Sie den Kleinen im Fußraum des Beifahrers zwischen den Füßen der Begleitperson. Dort breiten Sie eine Decke aus, auf dem der Kleine schlafen kann.

➤ Legen Sie ihm sein Halsband um und leinen Sie ihn an, denn die meisten Welpen versuchen, auf den Schoß oder Sitz zu klettern.

➤ Ihre Begleitung sollte den Vierbeiner beruhigen und streicheln. Nach einer gewissen Zeit des Protests schlafen die meisten Welpen ein.

➤ Fahren Sie möglichst ruhig ohne abrupt zu bremsen. Dem Hund wird sonst übel.

➤ Stellen Sie die Klimaanlage bitte so ein, dass die kalte Luft nicht den Welpen anbläst.

➤ Füttern Sie den Welpen vor der Fahrt nicht. Wasser

CHECKLISTE

Ein gelungener Start

- ✔ Bringen Sie ein oder zwei Tage, bevor Sie Ihren Welpen abholen, eine Decke zum Züchter, auf der der Kleine schlafen kann. Dann riecht es für ihn auch bei Ihnen noch eine Weile nach »zu Hause«.
- ✔ Hat der Züchter Ihnen alle Papiere ausgehändigt? Dazu gehören die Ahnentafel (VDH/FCI Zeichen beachten), der Impfpass vom Tierarzt sowie der handgeschriebene Fünf-Generationen-Stammbaum und der Kaufvertrag.
- ✔ Bitten Sie den Züchter um einen Futterplan und Futter für die ersten drei bis vier Tage.
- ✔ Für Unterwegs brauchen Sie einen Trinknapf, eine Wasserflasche, eine Welpenleine mit Halsband und ein Drybed (→ Seite 20). Hilfreich sind Küchenrolle und Plastiktüten, falls dem Kleinen übel wird.
- ✔ Welpen wird bei der Wurfabnahme oder vom Tierarzt ein Chip unter die Haut gesetzt, der mit Lesegeräten gelesen werden kann. Entlaufene Hunde sind ihrem Besitzer so schneller zuzuordnen.
- ✔ Lassen Sie dem Welpen beim ersten Tierarztbesuch zusätzlich einen Chip setzen. Diese Codenummer wird im TASSO-Haustierregister aufgenommen (→ Seite 60). So ist der Hund doppelt gesichert.

1 **Wenn der kleine Hunger kommt …**

Erwachsen werden macht hungrig und ist ganz schön anstrengend. Bieten Sie Ihrem Liebling eine altersgerechte Ernährung und achten Sie darauf, dass stets frisches Wasser zur Verfügung steht. Empfehlenswert sind auch Keramiknäpfe – sie halten das Wasser kühl. Gefressen wird aus Edelstahlnäpfen mit rutschfestem Boden.

2 **Süße Träume!**

Junge Hunde brauchen noch viel Schlaf. Streicheln Sie den Kleinen sanft, aber wecken Sie ihn nicht auf. Nach zwei bis drei Stunden ist er wieder bereit für neue Taten. Hundekissen sind zwar herrlich bequem, aber gerade bei Retriever-Welpen haben sie oft eine kurze »Lebenserwartung«, weil die Kleinen sie apportieren möchten.

sollten Sie anbieten, denn so viel Stress macht Durst.

➤ Dauert die Fahrt länger, füttern Sie nur wenig. Geben Sie ihm etwa alle 2 Stunden Gelegenheit, sich zu lösen.

Der erste Tag daheim

Welpe: Zu Hause angekommen, bieten Sie dem Welpen Futter und Wasser an. Haben Sie einen Garten, führen Sie ihn hinaus. Wenn er sich löst, loben Sie ihn überschwänglich. Dann lassen Sie ihn sein neues Heim erkunden. Legen Sie seine Decke, die nach dem alten Zuhause riecht, auf den Schlafplatz. Streicheln und beruhigen Sie ihn liebevoll. Bitten Sie Freunde, nicht am ersten Tag zu kommen. Das ist einfach zu viel für die Nerven eines so kleinen Kerlchens. In den ersten Nächten wird der Kleine aufwachen, weil er »muss«. Gehen Sie mit ihm nach draußen oder führen ihn zu der Zeitung, die Sie ausgelegt haben. Weint er vor Heimweh, trösten Sie ihn liebevoll. Widerstehen Sie aber der Versuchung, ihn mit ins Bett zu nehmen (→ Tipp, Seite 22).

Ein erwachsener Hund: Kommt ein älterer Hund ins Haus, geben Sie auch ihm erst einmal Gelegenheit, das neue Heim ausgiebig zu erkunden. Zeigen Sie ihm seinen Schlaf- und Futterplatz. Beim Gassigehen halten Sie ihn unbedingt an der Leine – zumindest so lange, bis er Sie kennt und zuverlässig auf Kommando kommt. Üben Sie auf einem Gelände, wo er nicht weglaufen kann und prüfen Sie, wie er sich mit anderen Hunden verträgt. Alles über den Transport eines erwachsenen Retrievers finden Sie in der Checkliste auf Seite 55.

Die Wohlfühl-Ausstattung

Mit der folgenden Grundausstattung fühlt sich Ihr Retriever von Anfang an wohl.

Der Schlafplatz

Als Schlafplatz reicht zu Beginn ein stabiler, nicht zu hoher Karton. Welpen wachsen schnell und so können Sie ihm jeweils ein »Bett« in der passenden Größe bieten. Plastikkörbe aus dem Zoofachhandel sind ebenfalls geeignet. Sie haben den Vorteil, dass sie gut zu reinigen sind. Polstern Sie das Hundebett mit einem waschbaren Liegekissen. Darüber kommt ein »Drybed« (Zoofachhandel). Das ist eine Matte, die Feuchtigkeit ableitet und den Hund warm und trocken hält. Kaufen Sie zwei zum Wechseln. Weidenkörbchen nagen die kleinen Kerle an und können Teile davon verschlucken. Kuschelhöhlen aus Fellimitat halten bei Retrievern nur kurz, da sie ständig apportiert werden.

> *Für einen ausgewachsenen Retriever brauchen Sie eine 2,20 m lange Leine.*

Näpfe

Für Futter und Wasser brauchen Sie zwei mittelgroße Edelstahlnäpfe. Für Welpen sind große Näpfe ungeeignet, denn gerade die wasserverrückten Flatcoats verwenden Näpfe gerne zum Plantschen. Für ausgewachsene Hunde kaufen Sie größere Näpfe mit 25 cm Durchmesser und stellen sie auf einen höhenverstellbaren Ständer. Auch im Auto sollten Sie einen Napf für Unterwegs deponieren.

Halsband und Leine

Diese sollten nicht zu eng und zu kurz für den Welpen sein. Da sich der Halsumfang bei jungen Retrievern sehr schnell vergrößert, muss es kein teures Leder sein. Sie können auch ein weiches Brustgeschirr benutzen.
Für den erwachsenen Hund ist ein gutes Halsband mit Führleine und eine Retriever-Leine erforderlich. Diese besteht aus einem gedrehten Kunststoffseil mit Stoppring und ist zum Retriever-Training nötig (→ Seite 48).

Spielsachen

Zu Hause benötigt Ihr Welpe reichlich Spielzeug, sonst zweckentfremdet er Dinge des täglichen Gebrauchs. Wählen Sie nur Sachen aus, die so groß sind, dass sie der Hund nicht ganz oder Teile davon verschlucken kann.
Für drinnen: Am besten eignen sich Hartgummibälle oder Spieltaue. Quietschtiere halten den Zähnchen meist nicht lange stand. Sie können auch alte Socken ausstopfen und oben fest zubinden –

schon ist eine herrliche Apportiersocke fertig.
Für draußen: Erwachsene Hunde lieben Schleuderbälle oder Frisbee-Scheiben. Hartgummikreisel (»Kongs«), die in alle Richtungen abprallen, eignen sich nicht für größere Retriever-Rassen. Sie zwingen die Hunde zu abrupten Drehungen, was zu schmerzhaften Kreuzbandrissen führen kann. Auch Stofftiere sind ein geeignetes Spielzeug. Es muss als Hundespielzeug gekennzeichnet und waschbar sein.

Duck Toller lieben Sport! Ein Ball an einem Seil ist ideal, um mit den kleinen, flinken Vierbeinern zu toben.

Gefahren in Haus und Garten

Gefahrenquelle	Warum und wie Sie den Vierbeiner schützen sollten
Balkonbrüstungen, offene Treppengeländer	Der Hund kann abstürzen oder seinen Kopf einklemmen. Mit Maschendraht oder Netz abdecken.
Treppenauf- oder -abgänge	Es kann verstärkt zu HD-Problemen kommen (→ Tabelle, Seite 39). Vor allem bei jungen Retrievern mit Kindergittern absichern.
Chemikalien, Putz- und Düngemittel, Shampoo und Seife	Führen zu lebensgefährlichen Vergiftungen. Junge Hunde sind neugierig und stecken die Nase überall hinein. Bitte wegschließen.
Kinderspielsachen, spitze Gegenstände wie Gabeln oder Messer	Verletzungen im Maul oder an den inneren Organen, wenn der Hund damit spielt oder sie verschuckt. Unter Verschluss halten und z. B. Scherben immer gründlich zusammenkehren.
Elektrokabel	Ein Stromschlag kann den Hund treffen, wenn er daran kaut. Unter Schutzleisten verlegen, Steckdosen mit Kindersicherung schützen.
Giftige Pflanzen in Haus und Garten	Führen zu Vergiftungen. Efeu und andere Pflanzen (→ Internet-Adressen, Seite 60) nicht in Reichweite des Hundes bringen.

Die ersten Grundübungen

Die zwei wichtigsten Aufgaben, die Ihr neuer vierbeiniger Freund zu Beginn lernen muss, sind Stubenreinheit und auf seinen Namen zu hören. Wenn Sie auf die im Folgenden beschriebenen Signale Ihres Welpen achten, ist er in kurzer Zeit stubenrein.

Brav an der Leine laufen: Hier muss noch kräftig geübt werden.

➤ Bevor er sich lösen will, wird der Welpe hektisch, beginnt sich im Kreis zu drehen oder fiept. Dann wissen Sie: »Alarmstufe rot«.

➤ Immer nach dem Aufwachen ist ein »Bächlein« fällig.

➤ Nach dem Füttern oder intensiven Spielen muss jeder kleine Hund »Groß«. Geben Sie ihm gar nicht erst die Chance, in die Wohnung zu machen. Gehen Sie mit ihm in den Garten und fordern Sie ihn mit einem Kommando Ihrer Wahl dazu auf.

➤ Wird es mal sehr knapp, nehmen Sie ihn auf den Arm, halten ihn mit einer Hand unter dem Hinterteil und tragen ihn schnellstens ins Freie.

➤ Loben Sie ihn immer enthusiastisch, wenn er sein Geschäftchen gemacht hat.

➤ Anfangs wird sich Ihr Kleiner noch im Garten lösen müssen. Stark von Hunden frequentierte Parks sollten Sie meiden, bevor Ihr Welpe den vollen Impfschutz hat.

➤ Für die Nacht und für Notfälle legen Sie Zeitungen dick aus – am besten im Badezimmer oder vor der Balkontür. Tun Sie dies aber nicht zu lange, denn die Hunde gewöhnen sich daran und werden ewig nicht stubenrein.

➤ Auch ein erwachsener Hund zeigt durch sein Verhalten deutlich, ob er Gassi muss. Und wenn er von Anfang an die Möglichkeit hat, sich außerhalb des Gartens zu lösen, wird er es später ganz von allein nicht mehr auf Ihrem Grundstück tun.

TIPP

Konsequenz vom ersten Tag an

➤ Denken Sie daran: Was Sie Ihrem Vierbeiner verbieten, sollte auch in alle Ewigkeit verboten bleiben.

➤ Erlauben Sie ihm einmal etwas und dann wieder nicht, bringt ihn das in heillose Verwirrung und lässt ihn letztendlich zu einem unsicheren Hund werden.

➤ Fazit: Ein Hund braucht klare Regeln. Achten Sie aber darauf, dass er ganz sicher verstanden hat, was Sie von ihm wollen. Genau da liegt oft der Schwachpunkt zwischen Mensch und Hund. Haben Sie Geduld mit ihm und seien Sie liebevoll und konsequent.

Namen lernen

Wählen Sie möglichst einen zweisilbigen Namen. Er lässt sich leichter rufen als einsilbige oder sehr lange Namen.

➤ Nennen Sie immer zuerst seinen Namen, wenn Sie Ihren Welpen rufen. Auch wenn Sie ihn streicheln und loben, kommt zuerst der Name: »Sammy, braaaaav«.

➤ Auch wenn er zu Ihnen kommt – sein Name sollte stets das erste sein, was er hört.

Gewöhnung an das Halsband

Lassen Sie Ihren Welpen von Anfang an außer Haus ein Halsband tragen. Bald kennt er es und reagiert nicht mehr mit störrischem Verhalten an der Leine. Lesen Sie alles weitere zum Thema »Bei Fuß« und Basiskommandos auf den Seiten 24–25.

Tabus in Haus & Garten

Setzen Sie Ihrem Retriever von Anfang an Grenzen (→ Tipp, links).

➤ Wenn Ihr Welpe etwas tut, was Sie nicht gut finden – z.B. Graben im Garten –, unterbinden Sie dies sofort mit einem deutlichen »Aus« oder »Pfui«, damit er weiß: Im Garten wird nicht gebuddelt.

Der Garten: Für Welpen ein spannender Ort. Der Kleine muss lernen, dass Graben und Buddeln dort tabu sind.

➤ Ein scharfes »Pfui« ist auch fällig, wenn er aus Langeweile an Stuhlbeinen, Teppichfransen oder Schuhen kaut. Splitter, Lack und chemische Stoffe sind gefährlich für Hunde.

➤ Bieten Sie dem kleinen Racker als Ersatz einen Kauknochen oder Spielzeug an. Auch ausreichend Beschäftigung und genug Spielmöglichkeiten können Schaden verhindern. Wenn doch einmal etwas kaputt geht, denken Sie daran: Sie waren es, der nicht aufgeräumt hat!

Kleine Retriever-Schule

Auch wenn die Retriever als leichtführige und einfach zu erziehende Hunde gelten, brauchen sie eine ihren Anlagen entsprechende Ausbildung und Beschäftigung.
Ein Training, das auch einem Retriever mit Jagdpassion gerecht wird, bieten Retrieverclubs an (→ Adressen, Seite 60). Ihr Züchter hilft Ihnen ebenfalls weiter oder bietet selbst Trainingsstunden an.

Basistraining für Welpen

Sobald der Welpe mit acht Wochen ins Haus kommt, können Sie mit ihm trainieren – maximal 10 Minuten am Stück. Länger kann er sich noch nicht konzentrieren. Anfangs können Sie in der Wohnung oder im Garten üben. Sogar »an der Leine gehen« kann man hervorragend auf Gartenwegen trainieren.

Ein wichtiges Kommando ist »Bleib«. Der Hund soll erst ins Wasser, wenn Sie ihn schicken.

Die ersten Kommandos sind »Komm«, »Sitz«, und »Bei Fuß« (→ Fotos 1–3). »Platz« oder »Bleib« kommen erst im Anschluss. Beginnen Sie mit einer neuen Übung immer erst, wenn der Hund die vorhergehende sicher und zuverlässig beherrscht.
Arbeiten Sie nur mit Ihrem Retriever, wenn Sie gute Laune und viel Zeit haben. Ihr Hund spürt, wenn Sie gereizt sind und wird dann mindestens so gestresst wie Sie.

Der richtige Ton

Ihre Stimme ist ein wichtiges Signal für Ihren Hund.

➤ Sprechen Sie in hohem, freundlichem Tonfall mit ihm, wenn Sie ihn loben.

➤ Wenn er etwas absolut Verbotenes tut, kommt von Ihnen ein tiefes »No«. Meiner Erfahrung nach ist das ein geeigneteres Stoppsignal als »Nein«. Dabei hebt sich die Stimme und wirkt zu heiter.

➤ Hilfreich ist auch eine Doppeltonpfeife. Hat Ihr Hund das Kommando »Sammy, komm« begriffen, dann pfeifen Sie vor oder nach dem verbalen Kommando mit zwei kurzen Pfiffen auf dem Einfachton. Irgendwann verbindet er die beiden Signale. Dann reagiert er nur auf Pfeifen mit Kommen. Soll er sitzen oder liegen bleiben, signalisieren Sie dies durch einen Pfiff mit der Trillerseite.

➤ Gewöhnen Sie Ihren Hund an leise Töne. Nur wenn er gar nicht hören will, ist ein lautes Pfeifsignal angebracht.

Erste Apportierübungen

Retriever tragen von Natur aus alles, was sich schleppen lässt. Diese Eigenschaft muss man in die richtigen Bahnen lenken, sonst haben Sie einen Hund, der Gegenstände holt, Ihnen aber nicht gibt. Zum Üben eignet sich ein Welpen- oder ein Socken-Dummie.

➤ Gehen Sie in die Hocke. Halten Sie dem Hund das Dummy vor die Nase. Dann werfen Sie es einen Meter weit flach über den Boden.

➤ Wenn er lossprintet, sagen Sie seinen Namen und »Bring« oder »Apport« (→ Foto 4).

➤ Bringt er das Dummy, nehmen Sie es ihm aus dem Fang und bietem ihm sofort ein Spielzeug als Ersatz. So wird er später ohne Probleme »Aus« geben. Jetzt kräftig loben!

1

»Komm!«

Locken Sie mit dem Kommando »Sammy, komm«. Als Lockmittel dient ein Leckerchen. Das Abrufen aus dem Sitzen ist leichter, da der Hund sofort losspringen kann. Im Liegen muss der Hund warten und dann erst aufstehen.

2

»Sitz!«

Halten Sie ein Leckerchen über den Kopf des Hundes. Wenn er versucht es zu erreichen, wird er sich setzen. Geben Sie das Kommando »Sammy, sitz«. Als Sichtzeichen gilt der erhobene Zeigefinger. Bei korrektem Ausführen loben Sie den Vierbeiner kräftig.

3

»Bei Fuß!«

Nehmen Sie die Leine in die rechte Hand, der Hund soll links gehen. Starten Sie immer mit dem linken Fuß, dies ist ein optisches Signal für ihn. Marschiert er mit, loben Sie: »Sammy brav, bei Fuß.« Zerren Sie ihn bitte nie an der Leine hinter sich her.

4

»Bring!«

Werfen Sie den Dummy relativ flach über den Boden. Wenn der Hund losläuft, rufen Sie seinen Namen und »Bring« oder »Apport«. Halten Sie ein Spielzeug bereit. Dieses bieten Sie ihm im Tausch an, wenn er das Dummy in Ihre Hand »Aus« gibt.

Typisch Retriever

Vergleichen wir unsere Sinnesleistungen mit denen von Hunden, schneiden wir Menschen relativ schlecht ab.
Hören: Ein Hund hört viel besser als wir. Er kann auch die Ultraschallsignale der für uns lautlosen Hundepfeife hören. Die Vierbeiner können Hintergrundgeräusche, die ihnen vertraut sind einfach »ausblenden«. Sie hören dann durch den größten Sturm oder den Verkehrslärm ganz genau, wenn sich jemand der Haustür nähert. Ist es ein fremder Schritt, wird Alarm gebellt. Auch im Schlaf hören sie, was um sie herum vorgeht.
Sehen: Hunde sehen nicht so gut räumlich und auch nicht so weit wie wir. Ihr Auge ist mehr auf das Sehen von Bewegung spezialisiert. Das Gesichtsfeld ist durch die seitlich am Kopf liegenden Augen größer als bei uns. Auch in der Dunkelheit können Hunde wesentlich besser sehen als der Mensch. Eine spezielle Schicht hinter der Netzhaut sorgt dafür, dass Licht reflektiert wird.
Riechen: Das wichtigste Sinnesorgan für Retriever ist, wie für alle Hunde, die Nase. Bis zu 300 Millionen Riechsinneszellen lassen die Vierbeiner in einer Welt leben, die aus Gerüchen besteht.

Training für die Sinne: Dieser Golden Retriever folgt einer Schleppspur, an deren Ende das Dummy liegt.

Soziale Entwicklung

Das 1. Lebensjahr ist entscheidend für die Entwicklung Ihres Retrievers. Was jetzt versäumt wird, lässt sich nur schwer wieder aufholen.
Wenn Sie den Hund mit etwa acht Wochen beim Züchter abholen, ist er noch in der Prägungsphase, in der Neugier und Lerntrieb vorherrschen.
10. bis 12. Lebenswoche: Dies ist die Sozialisierungsphase, in der der Welpe im neuen Zuhause bei seinen Menschen die ersten Regeln lernen muss. Er wird stubenrein und lernt die ersten Kommandos wie »Sitz«, »Komm«

Toben, Schlafen und Fressen, so sieht die Welt eines Welpen aus. Die zwei sollten ab der 12. Woche die Welpenschule besuchen.

und »Bleib« mit einer Aktion zu verbinden. Spätestens ab der 12. Woche hat er seinen vollen Impfschutz (→ Impftermine, Seite 45). Jetzt steht viel Kontakt mit anderen Hunden auf dem Programm. Am besten ist es natürlich, wenn diese ersten Begegnungen nur mit gutmütigen, erwachsenen Artgenossen oder noch besser mit etwa gleichaltrigen Hunden in einer Welpengruppe stattfinden.

13. bis 16. Woche: Jetzt ist Ihr Hund in der Rangordnungsphase. Er muss lernen, dass nicht er der Boss im Haus ist, sondern Sie und dass der Teppich und Schuhe nicht angekaut werden dürfen. Auch sind Couch und Bett kein Schlafplatz. Seien Sie konsequent und weisen Sie ihn zurecht, wenn er etwas Verbotenes macht (→ Seite 23). Er ist nun in der Trotzphase und testet seine Grenzen aus. Spielen Sie viel mit ihm. Macht er etwas gut, loben Sie ihn ausgiebig. Jetzt braucht er auch intensiven Kontakt zu anderen jungen Hunden.

17. bis 24. Woche: Nun festigt sich das Bewusstsein für seine Umgebung. Umweltreize, die er schon als Welpe kannte, ängstigen ihn plötzlich. Er verbellt Gegenstände, die er auf Spaziergängen schon oft gesehen hat – von neuen ganz zu schweigen. Seien Sie geduldig. Gehen Sie mit ihm zu den »unheimlichen« Dingen und zeigen Sie ihm, dass sie völlig harmlos sind und er nichts zu befürchten hat. Geben Sie ihm Sicherheit. Ängste, die sich jetzt festsetzen, können später zum Problem werden.

6. bis 12. Monat: Nun beginnt die Pubertät. Ihr Retriever ist, wie menschliche Teenies, aufmüpfig. Er will Dinge, die er schon gelernt hat, nicht mehr machen und wird sich weigern, Ihre Kommandos auszuführen. Die Hunde bellen jetzt mehr. Hündinnen werden nun meist zum ersten Mal läufig und die Rüden heben das erste Mal ihr Bein zum Markieren. Haben Sie aber auch jetzt viel Geduld.

TIPP

Ab in die Welpenschule

- Beim Welpentreff lernen die Kleinen, Körpersprache und Laute der Artgenossen richtig zu interpretieren.
- Lernt der Welpe den Umgang mit Artgenossen nicht, reagiert er als erwachsenes Tier oft ängstlich oder aggressiv.
- Gute Welpenschulen achten darauf, dass die Hunde in der Gruppe etwa im selben Alter sind.
- Züchter und Retrieverclubs nennen Anschriften für solche Welpentreffs (→ Adressen, Seite 60). Dort bekommen Sie auch Anleitungen, wie Sie Ihren Hund artgerecht erziehen.

Verhaltensdolmetscher

Retriever

Kennen Sie die Sprache Ihres Retrievers? Hier erfahren Sie, was Ihr Vierbeiner mit seinem Verhalten ausdrücken möchte ? und wie Sie richtig darauf reagieren ➔.

Der Labrador weist den Duck Toller ab und fletscht die Zähne.

? Das Spiel wurde zu wild. Der Duck Toller erhält eine letzte Verwarnung.

➔ Rufen Sie die zwei mit »No, aus« und entfernen Sie sich in entgegengesetzte Richtung.

Der Duck Toller-Rüde hebt das Bein und markiert mit Urin.

? Damit will er sein Revier abgrenzen.

➔ Lassen Sie dieses Verhalten zu. Nur wenn er es in Garten und Wohnung macht, verbieten sie es. Es ist eine Dominanzgeste.

Die zwei Duck Tolling Retriever spielen ausgelassen und wild.

? Der rechte Hund zeigt das »Spielgesicht« mit offenem Fang. Es macht beiden Spaß.
→ Rufen Sie die beiden nur ab, wenn das Spiel zu wild wird. Die Laune kann auch mal umschlagen.

Der Labrador apportiert ein Schwimm-Dummy.
? Alle Retriever-Rassen sind wasserverrückt und lieben das tägliche Bad.
→ Gehen Sie oft mit dem Hund an saubere Gewässer, wo er schwimmen darf.

Der Chesapeake Bay Retriever buddelt eifrig.
? Er hat vielleicht eine Maus gerochen oder gehört.
→ Passen Sie gut auf, dass Ihr Hund keine Mäuse frisst. Sie übertragen Krankheitserreger.

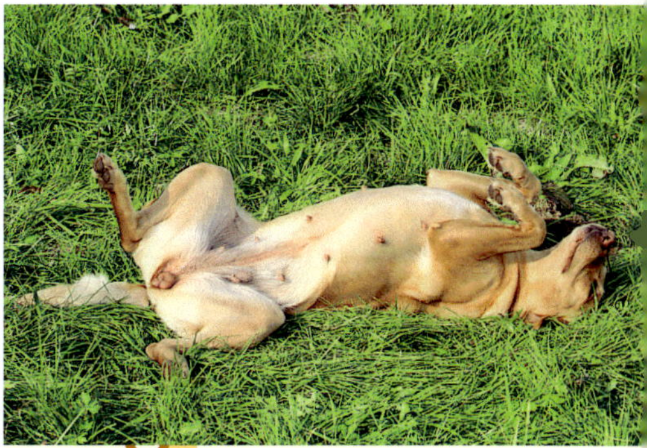

Voller Genuss wälzt sich die Labrador-Hündin im Gras.
? Sie massiert sich den Rücken oder möchte sich mit Fremdgerüchen tarnen.
→ Gönnen Sie ihr den Spaß. Greifen Sie ein, wenn sie sich in Aas oder Dreck wälzt.

Fragen rund um Eingewöhnung und Erziehung

Wie lange kann ich mit meinem zwölf Wochen alten Flat Coated Retriever Welpen spazieren gehen?
Ein Welpe in diesem Alter schafft einen Spaziergang von etwa 20 Minuten. Also gehen Sie lieber öfter mit ihm 10 bis 15 Minuten als einmal lange. Steigern Sie das Pensum langsam. Ihr Welpe zeigt Ihnen deutlich,wenn er müde wird, indem er sich setzt oder hinlegt – aber dann muss er die ganze Strecke ja noch zurückgehen. Jede Überanstrengung ist für den Welpen schädlich, weil seine Knochen noch nicht voll entwickelt sind.

Wie lange und wann ist der richtige Zeitpunkt, um mit meinem Labrador Retriever zu trainieren?
Trainieren sie nur dann, wenn Sie nicht unter Zeitdruck stehen. Tabu sind auch heiße Mittagsstunden, da Retriever sehr hitzeempfindlich sind. Mit einem Welpen oder Junghund geht man immer zuerst ein Stück. Er sollte sich vor dem Training gelöst und schon ein wenig ausgetobt haben. Meist sind die Hunde dann aufmerksamer. Als Trainingsdauer reichen zehn Minuten bei einem Welpen aus. Mit einem etwas älteren Hund kann man durchaus eine halbe Stunde am Stück trainieren.

Mein Junghund kommt nicht, wenn ich ihn rufe.Was soll ich tun?
Laufen Sie auf keinen Fall hinter ihm her. Für ihn ist dieses »Fangen spielen« lustig. Rufen sie seinen Namen und »Komm« und entfernen Sie sich von ihm in die entgegengesetzte Richtung. In der Regel wird der Kleine schnell zu Ihnen sausen, denn er hat Angst, sein Rudel zu verlieren. Loben Sie ihn dann kräftig und geben Sie ihm zur Belohnung ein Leckerchen.

Wie gewöhne ich meinen Hund daran, auch mal allein zu bleiben?
Gehen Sie behutsam vor. Lassen Sie ihn, möglichst nach einem Spaziergang, zuerst nur ein paar Minuten allein.

»Will to Please« nennt man die ausgeprägte Bereitschaft der Retriever zur Zusammenarbeit.

Sagen sie ihm, dass sie gleich wieder kommen, geben Sie ihm das Kommando »Warten« und eventuell noch einen Hundekeks. War er brav, loben Sie ihn ausgiebig. Er muss Vertrauen aufbauen können und lernen, dass Sie immer wieder zu ihm zurückkehren. Steigern Sie die Zeit Ihrer Abwesenheit langsam. Generell sollte ein Hund aber nie länger als vier Stunden allein sein müssen.

? Manchmal macht mein Retriever etwas kaputt oder löst sich im Haus, wenn ich nicht da bin. Ist es sinnvoll, ihn zu schimpfen, wenn ich nach Hause komme?
Nein. Er weiß nämlich nicht, warum Sie schimpfen. Hunde haben kein Langzeitgedächtnis und setzen die Tat nicht in Bezug zur Strafe. Macht der Hund ins Haus, war er zu lange allein oder Sie haben nicht gemerkt, dass er muss – dann ist es Ihre eigene Schuld.

? Ist es in Ordnung, wenn mein junger Hund mit größeren Hunden spielt?
Ja, wenn die großen Hunde ihn nicht in vollem Tempo umrennen oder versuchen aufzureiten. Seine Knochen sind noch weich und gerade im Alter von etwa fünf Monaten, wenn ihr Retriever sehr schnell wächst, passieren die meisten Unfälle durch zu wildes Toben. Aber seien Sie nicht ängstlich, sondern beobachten Sie die Hunde beim Spielen. Dann können Sie bei Rüpeleien sofort eingreifen.

? Mein Hund versucht ständig, auf andere Hunde oder Menschenbeine aufzusteigen. Wie kann ich ihm das abgewöhnen?
Das Aufreiten ist eine Dominanzgeste des Hundes, um dem Jüngeren oder Schwächeren zu zeigen: »Ich bin hier der Boss!« In der Pubertätsphase versuchen das alle Hunde einmal. Aber es gibt nichts Schlimmeres, als einen Rüden, der »oversexed« ist und ständig versucht, auf andere Hunde oder Menschen aufzureiten. Unterbinden Sie das von klein an – sanft, aber bestimmt. Nehmen Sie ihn einfach runter und sagen Sie streng »No«. So zeigen Sie ihm, dass Sie der Chef des Rudels sind. Er wird es bald sein lassen. Andere Gründe hat es natürlich, wenn eine Hündin heiß ist oder interessant riecht.

MEINE TIPPS FÜR SIE

Brigitte Schneidermann

Retriever trainieren

- Werfen Sie zum Apportieren niemals Stöckchen oder Steine. Holzstöcke können senkrecht auf den Boden aufprallen. Ihr Hund kann unter Umständen so schnell am Stock sein, dass er ihn sich in den Hals rammt.
- Lassen Sie nie zu, dass Ihr Hund auf Holz oder Stöckchen kaut. Hartes Holz splittert und wenn er die Holzstücke schluckt, können sie Magen und Darm schwer verletzen. Dann hilft nur eine Notoperation.
- Arbeiten Sie mit Ihrem Retriever in einer Welpen- oder Trainingsgruppe, sollte sie aus etwa gleich alten Hunden bestehen. Besser ist es auch, wenn alle Hunde fast auf dem gleichen Ausbildungsstand sind.
- Zur Gruppe sollten nicht mehr als acht Hunde gehören. Der Trainer kann sonst nicht genug auf jeden Hund eingehen. Die Tiere langweilen sich, weil sie lange warten müssen, bis sie bei den Einzelübungen an der Reihe sind.

Fit-und-gesund-Programm

Gesund und lecker

Hunde brauchen für ihren Organismus neben Fleisch auch ausreichend pflanzliche Nahrung mit reichlich Ballaststoffen und Vitaminen sowie Mineralstoffe und die richtigen Spurenelemente.

»Ich hab noch Hunger!« Es ist schwer – aber Betteln wird nicht nachgegeben.

Fertigfutter

Am ausgewogensten kann man seinen Hund mit Komplett-Fertigfutter ernähren. Heute gibt es Welpen-, Junior-, Adult- und Seniorenfuttermischungen im Handel. Auch für allergiegeplagte Hunde gibt es spezielle Zubereitungen. Allerdings sind die Qualitäts- und Preisunterschiede erheblich. Fragen Sie auch Ihren Züchter. Er kann Ihnen von seinen Erfahrungen mit den unterschiedlichsten Produkten berichten.

➤ Achten Sie beim Welpen- und Juniorfutter darauf, dass der Eiweiß-, also Proteingehalt, maximal 25 % beträgt. Eher sollte er etwas niedriger sein. Retriever wachsen sehr schnell und zu viel Protein führt dazu, dass die Knochen noch schneller wachsen, ohne genügend Substanz zu bilden. Das kann zu lebenslangen Schäden führen.

➤ Ein Hund, der arbeitet, oder eine säugende Hündin braucht Hochleistungsfutter mit ungefähr 30 % Protein.

➤ Ein Senior benötigt nicht mehr so viel Eiweiß, dafür aber mehr Ballaststoffe und ausreichend Vitamine.

Welche Art Futter Sie geben, bleibt Ihnen überlassen. Jedes hat Vor- und Nachteile. **Trockenfutter** sollte immer mit viel Wasser gereicht werden, sonst schadet es dem Organismus. Sie können es aber auch 20 Minuten in lauwarmes Wasser oder in Brühe einlegen. Viele Retriever lieben das.

TIPP

Gesunde Leckerchen

➤ Als Leckerchen können Sie Ihrem Hund Belohnungsknabbereien aller Art geben, die im Fachhandel erhältlich sind. Aber nie Schokolade oder Bonbons!

➤ Geben Sie dem Hund nur Hundewurst. »Menschenfutter« ist zu sehr gewürzt und kann zu ernsthaften Verdauungsstörungen führen.

➤ Sehr geeignet ist milder Käse. Meine Hunde lieben ihn!

➤ Als Betthupferl bekommen meine Hunde harte Hundekekse. Damit sind auch gleich die Zähne geputzt.

Dosen- oder Halbfeuchtfutter enthält zwischen 25 und 75 % Wasser. Manche Hunde vertragen es, andere reagieren mit Durchfall auf die Fütterung pur. In diesem Fall sollten Sie es mit speziellen Hundeflocken mischen. Vermeiden Sie Futter, das stark aromatisiert ist und künstliche Konservierungsstoffe wie Ethoxyquin enthält (dazu bitte Angaben auf der Packung beachten).

Hausmannskost

So gesund und ausgewogen diese Fertigmischungen für Ihren Hund auch sind, ab und zu sollten Sie ihm selbst etwas kochen. Reis mit Huhn und Möhren lieben meine Retriever über alles. Und bei Magen-Darm-Infekten und Durchfall ist Reis genau das Richtige. Kochen Sie Gemüse und Fleisch ohne Salz und Gewürze. Bekommt Ihre Familie das gleiche Menü, würzen Sie bitte erst, wenn Sie die Portion für den Hund beiseite genommen haben.
Sie können aber auch Fleisch mit Hundeflocken mischen, die Gemüse und Vitamine enthalten. Das Verhältnis der Flocken zum Fleischanteil sollte 2 : 1 betragen.

Kleine Käsewürfel sind die idealen Belohnungshäppchen beim Training.

Die richtige Menge

Wie viel Futter Ihr Retriever verträgt, müssen Sie selbst herausfinden: Der eine kann viel essen und nimmt nicht zu, der andere wird schon von der Hälfte dick. Manche Hunde fressen alles auf, andere hören auf, wenn sie satt sind. Die Angaben der Hersteller auf der Futterpackung sind immer als Maximalmengen zu betrachten.
Faustregel: Wenn Sie bei Ihrem Hund die Rippen fühlen, ist er gerade richtig ernährt. Kann man die Rippen sehen, ist Ihr Retriever viel zu dünn.

CHECKLISTE

Fütterungsregeln

- ✔ Verteilen Sie die Futtermenge auf zwei Mahlzeiten täglich.
- ✔ Füttern Sie sie immer zur gleichen Zeit und am gleichen Platz morgens und abends.
- ✔ Geben Sie nie kaltes Futter aus dem Kühlschrank. Es soll warm, aber nicht heiß sein.
- ✔ Lassen Sie den Hund nach dem Füttern nicht Herumtoben. Es droht eine lebensgefährliche Magendrehung.
- ✔ Entfernen Sie übriges Futter. Es verdirbt rasch.
- ✔ Bewahren Sie offene Futterdosen im Kühlschrank auf.
- ✔ Stellen Sie immer genug frisches Wasser zur Verfügung.
- ✔ Reinigen Sie alle Näpfe täglich mit heißem Wasser.

Gepflegt von Kopf bis Pfote

Welpen aus guter Zucht sind daran gewöhnt, täglich gebürstet zu werden. Sie finden das ganz angenehm und es erinnert sie an die massierende Zunge ihrer Mutter. Junge Golden Retriever lieben Fellpflege, die lebhafteren Flatcoat-Welpen haben dagegen Mühe, still zu stehen.
Nutzen Sie die Fellpflege für einen kleinen Check und prüfen Sie Augen, Ohren und Zähne (→ Fotos 1–3). Dabei entdecken Sie auch kleinere Verletzungen, Zecken und im schlimmsten Fall sogar Flöhe. Auch verwundete Stellen oder Schwellungen am Körper bemerkt man bei dieser regelmäßigen Kontrolle schneller. Wenn Sie sehen, dass die Krallen zu lang sind, gehen Sie zum Tierarzt oder Züchter. Schneiden will gelernt sein! Kontrollieren Sie auch regelmäßig After und Geschlechtsteile auf Verschmutzungen und Ausfluss.

Gesundes Fell

Golden Retriever: Sie müssen täglich gebürstet werden. Nur wenn sie nasse, schmutzige Pfoten haben und die Bauchhaare und die Befederung dreckig sind, wäscht man Bauch und Beine mit lauwarmem Wasser ab. Bürsten Sie aber nie das nasse Fell, es tut den Hunden weh. Warten Sie, bis ihr Vierbeiner wieder trocken ist. Dann halten Sie die langen Haare am Ansatz fest und bürsten sie ganz vorsichtig. Haben sich Kletten im Fell verfangen, ziehen Sie die Haare vorsichtig auseinander und bürsten erst, wenn der Knoten gelöst ist. Einmal pro Woche sollten Sie Ihren Golden nach dem Bürsten kämmen. Ich benutze dafür zuerst einen Hundekamm mit weiten Zinken, danach einen feineren. So bekommt man die alte Unterwolle he-

1 Ohren pflegen

Wischen Sie einmal pro Woche vorsichtig den äußeren Gehörgang mit einem feuchten Microfasertuch aus. Verwenden Sie keine Wattestäbchen!

2 Augen putzen

Wischen Sie regelmäßig mit der Spitze eines feuchten Kosmetiktuchs die Augenwinkel von innen nach außen aus und entfernen Sie Sekret.

3 Gebiss kontrollieren

Zahnstein zeigt sich als bräunlicher Belag. Bei üblem Geruch aus dem Maul und Zahnfleischentzündungen sollten Sie mit dem Hund zum Tierarzt gehen.

raus und hat weniger Haare in der Wohnung. Vorsicht: Verletzen Sie bei Rüden Hoden und Geschlechtsteil nicht!
Flat Coated und **Nova Scotia Duck Tolling Retriever** werden genauso gepflegt.
Labrador und **Chesapeake Bay Retriever:** Diese Rassen haben relativ kurzes, hartes Deckhaar und darunter feinere Unterwolle. Es genügt, wenn sie ab und zu gebürstet und mit einem Fensterleder abgerieben werden.
Curly Coated Retriever: Sie werden nur gelegentlich mit einer groben Bürste gebürstet. Danach sprüht man Wasser aus einer Sprühflasche auf das Fell und knetet es mit den Fingern durch. Dabei lösen sich lose Haare und die Locken schließen sich wieder.

Richtig trimmen

Sie brauchen: eine Bürste, einen grob- und einen feinzinkigen Hundekamm, einen Flohkamm, eine Effilierschere und eine kleine normale Schere mit runder Spitze.
➤ Bei Golden, Flat Coated und Duck Tolling Retrievern wird das Fell vorsichtig an den Ohren, der Brust, der Rutenunterseite, an den Rückseiten des Vorder- und Hintermittelfußes sowie zwischen den Zehen gekürzt.
➤ Bei Labrador und Chesapeake Bay Retrievern wird nur die Rutenspitze getrimmt und sozusagen zur Otterrute rund geschnitten. Wird der »Halskragen« zu dick und voluminös, dünnt man ihn ein wenig aus (Effilierschere).
➤ Bei Curly Coated Retrievern trimmt man nur die eventuell hervorstehenden Haare an Ohren und Rute.
➤ Getrimmt wird nicht nur aus Schönheitsgründen. Zu viele Haare unter den Ohren können verfilzen und trocknen nach dem Schwimmen nur langsam. Das kann zu Ohrentzündungen führen.

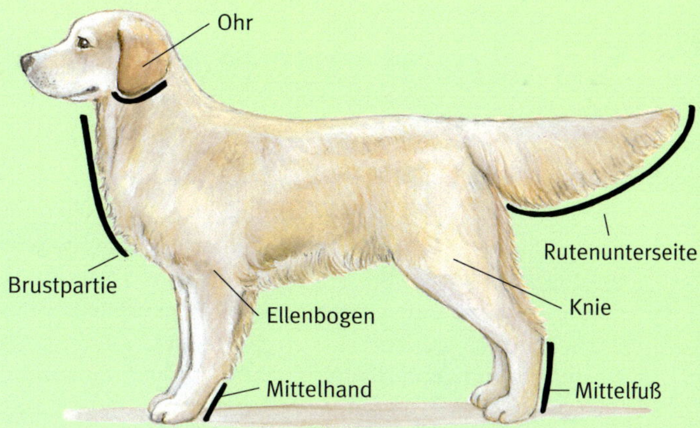

Wichtige Körperteile finden Sie in der Zeichnung beschriftet.

GUT ZU WISSEN

Trimmen wie ein Profi

✔ Die Illustration zeigt einen getrimmten Golden Retriever. Trimmen Sie den Hund bitte nur entlang der eingezeichneten Linien.

✔ Lassen Sie sich das korrekte Trimmen unbedingt von Ihrem Züchter zeigen.

✔ Halten Sie beim Schneiden die Scherenspitze immer so, dass sie vom Hund wegzeigt.

✔ Erfühlen Sie beim Trimmen die Ohrränder mit den Fingern. Achten Sie auf die Hautfalte am unteren hinteren Drittel des Ohrs. An den Ohrrändern befinden sich größere Blutgefäße, die stark bluten, wenn man sie verletzt.

✔ Denken Sie beim Trimmen der Pfoten unbedingt daran – alle Retriever haben eine Art Schwimmhaut zwischen den Zehen. Behutsam schneiden!

So bleibt der Hund gesund

Gute Pflege, gesunde Ernährung und optimale Haltungsbedingungen sind die Voraussetzungen dafür, dass Ihr Retriever gesund bleibt. Wenn Sie aber bemerken, dass er apathisch wirkt, nicht frisst, nicht oder sehr viel trinkt oder jammert, messen Sie als Erstes die Körpertemperatur. Das geht einfacher zu zweit.

Bei der Fellpflege können Sie den Hund auf kleine Verletzungen checken.

Fiebermessen

Eine Person sollte den Hund halten und beruhigen, während die andere die Rute hoch hält und ein Digitalthermometer etwa 3 cm tief in den After einführt. Ein gesunder Retriever hat 38,4 °C. Bei großer Hitze oder Aufregung kann der Wert auf 39 °C steigen. Alles darüber bedeutet Fieber. Fällt der Wert unter 38 °C, hat er Untertemperatur; dies ist noch kritischer. In beiden Fällen müssen Sie unverzüglich zum Tierarzt.
Achten Sie auch auf die Verdauung ihres Hundes. Bei Welpen sind Durchfälle, die länger als einen Tag anhalten, ein Zeichen für eine Infektion oder für Würmer. Ein Tierarzt muss Ihren Hund sofort auf beide Ursachen untersuchen. Ein erwachsener Hund kann auch einmal etwas Falsches gefressen haben, hat er zusätzlich Fieber, ist der Durchfall durchaus ernst zu nehmen.

Impfen nicht vergessen

Bei einem guten Züchter können Sie davon ausgehen, dass die Welpen eine Grundimmunisierung erhalten haben und entwurmt wurden. Versäumen Sie aber keinesfalls, mit Ihrem Tierarzt die noch nötigen weiteren Impfungen abzusprechen (→ Impftermine, Seite 45).
Alle sechs Monate, spätestens aber etwa zwei Wochen vor der jährlich fälligen Wiederholungsimpfung muss Ihr Hund entwurmt werden.

➤ Lassen Sie Ihren Hund gegen Staupe, Tollwut, Hepatits, Parvovirose und Leptospirose impfen. Diese Krankheiten können tödlich enden. Tollwut und Leptospirose sind außerdem auf den Menschen übertragbar. Der Impfschutz ist aber nur lückenlos, wenn er regelmäßig erneuert wird.

➤ Zwingerhusten grassiert teilweise in Großstädten und kann für junge und ältere Hunde sehr gefährlich sein. Durch die Nutzung von speziell zum Freilauf ausgewiesenen Hundewiesen breitet er sich immer mehr aus.

➤ Gegen Borreliose, die durch Zeckenbisse übertragen wird, gibt es leider noch keine wirksame Impfung.

Parasiten

➤ Prüfen Sie nach jedem Spaziergang, ob Ihr Hund Zecken hat und entfernen Sie diese mit einer Zeckenzange.
➤ Zur Floh- und Zeckenbekämpfung eignen sich Ampullen vom Tierarzt, deren Wirkstoff an Schwanzwurzel und Schulter aufgetropft wird.
➤ Ein Zeichen für Würmer kann das Rutschen auf dem After sein. Der Tierarzt verabreicht dagegen Tabletten. Entwurmen Sie den Hund regelmäßig – Würmer sind auf Menschen übertragbar.

Ein rundum gesunder Hund ist aktiv, aufmerksam und zeigt hohe Motivation bei Spiel und Training.

Genetisch bedingte Krankheiten bei Retrievern

Fallen Ihnen eines oder mehrere dieser Symptome auf, besuchen Sie sofort einen Tierarzt.

Krankheit	Symptom	Kommt vor
Hüftgelenksdysplasie (HD)	Wankender, unsicherer Gang bis hin zur Lähmung	bei allen Retrievern; seltener bei Flatties, Curlies und Duck Tollern.
Ellbogengelenksdysplasie (ED), Osteochondrosen	Bewegungsstörungen, Schmerzen, Lahmheit	besonders bei Golden und Labrador Retrievern.
Kniescheibenverrenkung (Patellaluxation)	Auffälliger Gang, Hoppeln, Lahmheit, Schmerzen	fast ausschließlich bei Flat Coated Retrievern.
Progressive Retina Atrophie (PRA)	die Netzhaut wird zerstört, führt bis zur Erblindung	bei allen Rassen; seltener bei Flat Coated Retrievern.
Wimpern wachsen ins Auge (Distichiasis)	Tränenfluss, Rötung, Juckreiz, Augenzukneifen	vor allem bei Flat Coated Retrievern.
Grauer Star (Katarakt)	Hornhauttrübung, Tränenfluss, Rötung, bis hin zur Erblindung	bei allen Retrievern; extrem selten bei Flat Coated Retrievern.
a) Augenlidaus- oder b) -einstülpung	a) Hängelid, Bindehautentzündung; b) Lichtscheue, Tränenfluss	bei allen Retrievern.
Epilepsie	Unruhe, plötzliche Krampfanfälle	bei allen Retrievern.

Alternative Heilmethoden

Seit einigen Jahren kommen auch bei Tieren immer öfter alternative Heilmethoden zur Anwendung. Ersatz für die Behandlung oder Diagnose durch den Tierarzt sollen und können sie nicht sein. Aber immer häufiger werden sie auch von den Schulmedizinern angewandt oder als Therapieergänzung empfohlen.

Homöopathie und Blütenessenzen

Ich rate Ihnen, sich einen Tierarzt zu suchen, der auch mit **Homöopathie** und **Blütenessenzen nach Dr. Bach** arbeitet. Er weiß genau, wann Naturmedizin und wann Schulmedizin angebracht ist. Homöopathische Mittel oder Blütenessenzen können entweder allein oder zusätzlich zu anderen Therapien angewendet werden. Hunde reagieren meist prompt.
Als fester Bestandteil der Notfallapotheke für zu Hause haben sich Rescue-Remedy-Tropfen (nach Dr. Bach) bewährt. Bei einem Schock helfen zwei Tropfen aus der Vorratsflasche auf die Lefzen.

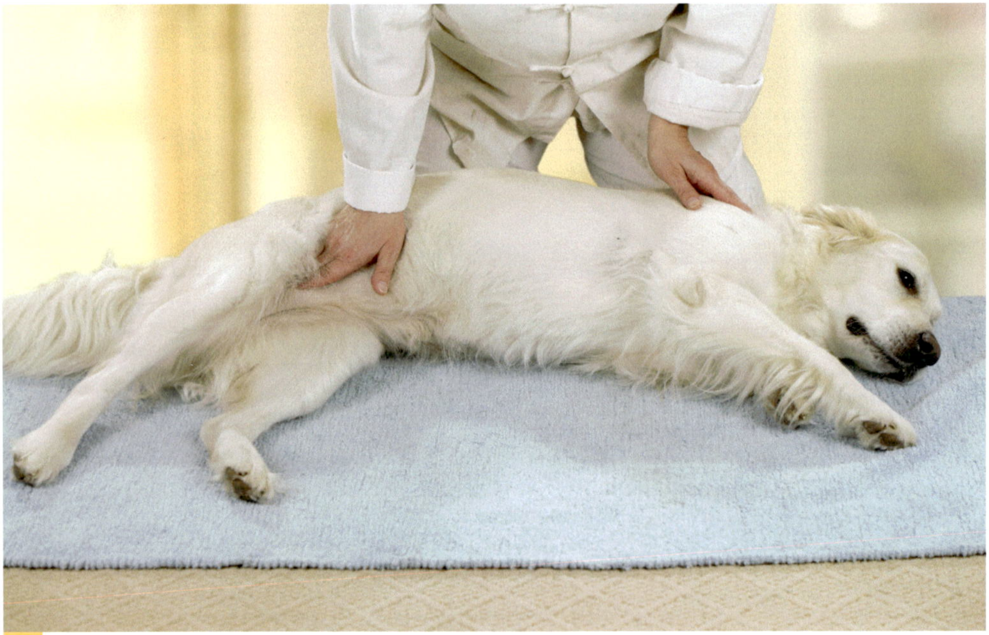

Durch »Heilströmen« werden so genannte Energieblockaden gelöst, die Ursache von Schmerzen und Krankheiten sein können. Der Hund ist sichtlich entspannt.

Homöopathische Tropfen geben Sie auf die Lefzen des Hundes.

Akupunktur und Akupressur

Auch Akupunktur oder Akupressur können Beschwerden bei Hunden lindern. Durch beide Methoden werden die Energieströme im Körper harmonisiert, was zur Gesundung beitragen kann.

Jin Shin Jyutsu (JSJ)

Der Name bedeutet »Die Kunst des Schöpfers durch den mitfühlenden Menschen«. Die Methode gilt als Urform von Akupunktur und Akupressur und wird auf Deutsch auch »Heilströmen« genannt. Von den Erfolgen bei Menschen animiert, begannen Jin-Shin-Jyutsu-Praktiker recht schnell, diese Methode auch bei Vierbeinern anzuwenden.
Mit Jin Shin Jyutsu arbeitet man auch am so genannten Energiekörper der Tiere. Dabei handelt es sich um das elektromagnetische Feld, das alle Lebewesen – sogar Pflanzen – umgibt, und heute mit speziellen Verfahren sichtbar gemacht werden kann. Beim Strömen liegen die Hunde auf einer weichen Unterlage. Die Fingerspitzen werden sanft auf ganz bestimmte Punkte am Körper aufgelegt – so genannte Energieschlösser, die blockiert oder fast verschlossen sein können. Das Strömen beseitigt Blockaden in den Energiebahnen, die Ursache von Erkrankungen und Schmerzen sind. Es harmonisiert die Energieströme und hilft den Tieren, körperlich und seelisch wieder ins Gleichgewicht zu kommen und zu genesen.
Da Tiere im Gegensatz zu uns Menschen keinerlei Vorbehalte haben, nehmen sie Klang (→ Tipp, unten) und Energie bereitwillig an und es sind oft verblüffende Heilerfolge festzustellen. Gerade bei chronischen Krankheiten, Schmerzen, psychischen Problemen oder bei von der Schulmedizin »austherapierten« Patienten hat man manchmal fast unglaubliche Reaktionen. Es ist, als hätte man einen Schalter umgelegt. Achten Sie darauf, dass Sie nur Sitzungen bei JSJ-Praktikern oder Klangpädagogen buchen, die fundiert ausgebildet sind und Erfahrung in der Arbeit und im Umgang mit Tieren haben.

TIPP

Klang-Massage – heilende Töne

- Unter Einwirkung der Klänge von Klangschalen lösen sich Ängste und stressbedingte Blockaden.
- Die Klangschalen werden hierzu auf den Körper leicht aufgesetzt und sanft angeschlagen. Die Schwingungen übertragen sich auf den Körper, die Muskulatur und die Gelenke. Verspannungen lassen nach und können sich ganz auflösen. Schmerzen werden gelindert.
- Diese Methode ist nicht für jeden Hund geeignet. Aber manche Tiere entspannen tief und genießen es vollkommen. Sie werden ruhiger und ausgeglichener.

Nachwuchs in Sicht

Überlegen Sie gründlich, ob Ihre Hündin Nachwuchs bekommen soll und ob Sie dieser großen Verantwortung gerecht werden können. Die durchschnittliche Wurfstärke bei Retrievern liegt bei acht Welpen, aber auch zehn oder mehr Welpen sind normal.

Ein unwiderstehlicher Blick! So einen Knirps muss man einfach lieben.

Sie sollten sich nur für Nachwuchs entscheiden, wenn die Elterntiere Zuchtzulassung und eine von der FCI anerkannte Ahnentafeln haben. Dazu treten Sie am besten einem Retriever-Verein bei, der zur FCI gehört (→ Adressen, Seite 60).

Trächtigkeit und Geburt

➤ Die Tragzeit beträgt 58–65 Tage, im Durchschnitt 63.

➤ Ab der 5. Trächtigkeitswoche bekommt die Hündin energiereicheres Futter. Stellen Sie ihr stets reichlich Flüssigkeit zur Verfügung.

➤ Klären Sie, ob Ihr Tierarzt in der Zeit des Geburtstermins jederzeit erreichbar ist.

➤ Etwa eine Woche vor der Geburt sollte die mit Zeitung ausgelegte Wurfkiste bereit stehen, damit sich die Hündin daran gewöhnen kann.

➤ Die Eröffnungswehen leiten die Geburt ein. Sie können vor allem beim ersten Wurf einige Stunden dauern.

➤ Den Beginn der Presswehen erkennen Sie daran, dass die Hündin nach hinten schaut, die Vulva leckt und zu pressen beginnt wie beim Kotabsatz. Notieren Sie unbedingt diesen Zeitpunkt.

➤ Ist 1–1,5 Stunden nach der ersten Presswehe kein Welpe zu sehen, rufen Sie Ihren Tierarzt an oder bringen die Hündin zu ihm.

➤ Erscheint ein Welpe nach dem anderen, sind Wurfpausen bis zu 2 Stunden oder länger normal, vorausgesetzt, die Hündin ist ruhig und

TIPP

Hilfe bei Scheinträchtigkeit

➤ 8–10 Wochen nach der Läufigkeit kann es vorkommen, dass die Hündin sich wie eine werdende Mutter verhält, obwohl sie nie gedeckt wurde. Entfernen Sie ihre Spieltiere und sorgen Sie für viel Beschäftigung; im Sommer ist Schwimmen ideal.

➤ Wird die Milchleiste dick oder schießt Milch in die Zitzen ein, nicht daran drücken! Der Tierarzt gibt Ihnen eine Salbe, die die Milchbildung stoppt.

➤ Ein gutes homöopathisches Mittel ist Pulsatilla D 30. Geben Sie ihr eine Woche 3 Mal täglich eine Tablette.

Hundemütter haben unendliche Geduld mit ihrem Nachwuchs. Diese beiden bekommen den Bauch einfach nicht voll und möchten Nachschlag an Mamis Milchbar.

schläft und die Welpen sind zufrieden an der »Milchbar«.

➤ Findet ein Welpe die Zitzen nicht, legen Sie ihn an. Drücken Sie vorsichtig einen Tropfen Milch aus.

➤ Zerreißt die Hündin die Fruchtblase nicht, reißen Sie sie am Kopf des Welpen auf, damit er atmen kann. Binden Sie die Nabelschnur etwa 2 cm vor seiner Bauchdecke ab und trennen Sie sie mit einer sterilen Schere durch.

➤ Massieren Sie den Welpen mit einem rauen Handtuch, um den Kreislauf in Gang zu bringen und legen ihn dann an die Zitzen der Mutter.

➤ Bieten Sie Ihrer Hündin in den Pausen »zwischen den Welpen« immer wieder etwas zu trinken an, beispielsweise Wasser mit Traubenzucker.

Die ersten Wochen

Retriever wiegen bei der Geburt 250–450 g. Sie kommen behaart und blind zur Welt.

➤ Ab dem **12. Lebenstag** öffnen sich Augen und Ohren.

➤ In der **3. Woche** brechen die Zähnchen durch.

➤ Ab der **4. Woche** krabbeln sie aus der Wurfkiste und beginnen zu spielen. In dieser Prägephase ist es wichtig, dass Sie sich intensiv mit ihnen beschäftigen, damit sie ein normales Verhältnis zu Menschen entwickeln.

➤ Ab der **7. Woche** beginnt die Sozialisierungsphase. Sie üben soziale und andere Verhaltensweisen im Spiel mit ihren Geschwistern.

➤ Die **ersten Wochen** ernährt die Hündin die Welpen mit ihrer Milch. Hinzufüttern müssen Sie ab der 3. Woche und ab der 4. Woche bekommen die Welpen feste Nahrung. Ab 6 Welpen müssen Sie eventuell früher Milch zufüttern. Es gibt im Handel spezielle Welpenmilch und auch fertige Welpennahrung.

Fragen rund um Pflege, Ernährung und Gesundheit

? Soll ich meinem Retriever zusätzlich zum Futter Vitamin- und Mineralstoffpräparate geben, die der Fachhandel anbietet?

Wenn Sie Fertigfutter reichen, sind solche Präparate überflüssig. Fettlösliche Vitamine wie Vitamin A, D und E reichern sich in der Leber an und können auf Dauer sogar zu Leberschäden führen. Hat Ihr Hund aber stumpfes Fell, können Sie ein Algenpräparat oder einen Kräuterzusatz ausprobieren. Fragen Sie dazu Ihren Tierarzt. Auch Züchter können gewiss das eine oder andere Produkt empfehlen.

? Ich höre immer wieder, dass es gefährlich ist, dem Hund Knochen zu geben. Stimmt das?

Knochen, ob roh oder gekocht, haben keinerlei Nährwert und verursachen Verstopfung. Über rohe Knochen können sogar Krankheiten übertragen werden. Geflügelknochen können splittern und Magen und Darm verletzen. Selbst zu große Büffelhautknochen können zur Gefahr werden. Ein Hund kann zerkaute Teile verschlucken und daran ersticken. Auch ein Magen-Darm-Verschluss kann die Folge sein.

? Mein Retriever wälzt sich immer wieder in etwas Ekligem. Gibt es einen Trick, damit man ihn wieder »riechen kann«, ohne ihn baden zu müssen?

Entfernen Sie zunächst feste Rückstände aus dem Fell. Geben Sie dann eine viertel Flasche Obstessig auf 5 Liter warmes Wasser und reiben Sie die Mischung mit einem Tuch gegen den Strich ins Fell. Danach rubbeln Sie den Hund mit einem sauberem Tuch trocken. Je nach Intensität des Geruchs müssen Sie die Prozedur einige Male wiederholen.

? Ist eine Magendrehung gefährlich? Woran erkenne ich sie?

Eine Magendrehung ist lebensbedrohlich und erfordert sofortige tierärztliche Hilfe. Ausgelöst wird sie, wenn ein Hund den Magen sehr voll

Schmusestunden gehören zum Wohlbefinden. Auch beim erwachsenen Hund.

hat und direkt nach dem Fressen hochspringt oder sich im Liegen wälzt. Verteilen Sie deshalb grundsätzlich die Futterration auf zwei Portionen täglich und füttern Sie erst nach dem Spaziergang oder Spielen. Symptome einer Magendrehung sind Würgen, Speicheln, Unruhe, Versuche zu erbrechen, aufgeblähter, harter Bauch und Atemnot. Fahren Sie bei den geringsten Anzeichen sofort zum Tierarzt – jede Minute zählt!

? Raten Sie von der Kastration meiner Hündin prinzipiell ab?

Nein. Wenn Sie absolut sicher sind, dass Sie niemals mit ihr züchten wollen, können Sie Ihre Hündin nach der zweiten Hitze kastrieren lassen. Das ist allerdings ein größerer Eingriff, denn die Gebärmutter und die Eierstöcke werden entfernt. Auch besteht ein gewisses Risiko, dass sie nach der Operation inkontinent ist. Es gäbe auch die Möglichkeit, die Läufigkeit durch die Injektion eines Hormons zu verhindern. Aber diese Injektionen greifen gravierend in den Hormonhaushalt ein. 80 % der so behandelten Hündinnen entwickeln danach eine Gebärmutterentzündung, meist sogar eine Vereiterung. Dann muss der Uterus doch durch eine Operation entfernt werden.

? Mein alter Retriever sieht und hört schlecht und ist unbeweglich geworden. Wie helfe ich ihm?

Gehen Sie mit Ihrem Hund lieber mehrmals täglich kürzere Strecken als einmal eine lange. Manche Retriever haben im Alter Hüftprobleme, tun sich beim Aufstehen schwer oder haben Mühe, ins Auto zu springen. Helfen Sie ihm mit etwas Schwung hinein und stützen Sie ihn dabei an Bauch und Po. Zu Hause bieten Sie ihm einen besonders weichen Liegeplatz, damit sich an den Ellbogen keine Schwielen bilden. Neigt er dazu, reiben Sie diese Stellen mit einer Heilsalbe ein. Haben Sie Geduld mit ihm, wenn er nicht folgt – es kann an Hörproblemen liegen. Wird Ihr Retriever eines Tages unheilbar krank und leidet Schmerzen, sollten Sie Ihren Tierarzt bitten, zu Ihnen zu kommen. Ist dies nicht möglich, gehen Sie mit dem Hund in die Praxis und lassen ihn in Ihren Armen einschlafen.

MEINE TIPPS FÜR SIE

Brigitte Schneidermann

Wichtige Impftermine

- **Parvovirose:** Grundimmunisierung in der 6., 10. und 14. Woche
- **Staupe:** Grundimmunisierung in der 8. und 12. Woche
- **Hepatitis:** Grundimmunisierung in der 8. und 12. Woche
- **Leptospirose:** Grundimmunisierung in der 8. und 12. Woche
- **Tollwut:** Grundimmunisierung in der 15. Woche
- **Zwingerhusten:** Grundimmunisierung in der 13. Woche
- **Für alle Impfungen gilt:** Auffrischung mit einem Jahr, dann jährlich wiederholen
- **Bitte beachten:** Lassen Sie die Staupe und Parvovirose-Immunisierung nie zeitgleich durchführen, da sich die Impfstoffe gegenseitig beeinflussen können. Es sind schon Welpen trotz Impfung an Staupe erkrankt.
- **Wichtig:** Impfungen sind nicht sofort wirksam. Der volle Impfschutz ist erst 1 bis 2 Wochen nach der letzten Impfung erreicht.

Beschäftigungs-Programm

Spezielles Retriever-Training

Ein glücklicher und ausgeglichener Retriever darf seine angezüchteten Eigenschaften regelmäßig ausleben. Das Basistraining sollte unbedingt einen Begleithundekurs umfassen. Zusätzlich bieten die Retrieverclubs und auch Hundeschulen spezielle Dummy-Kurse für Retriever an (→ Adressen, Seite 60).

Freudig bringt der Labrador den Dummy. Jetzt kräftig loben!

Dummy-Übungen

Dummies sind mit Sand gefüllte Beutel aus festem Stoff, die oben einen Schleudergriff haben. Sie stellen eine Beuteattrappe dar. Es gibt auch Dummies aus Kunststoff, die im Wasser schwimmen.

Apport: Die Hunde lernen, die Dummies im Gelände zu suchen oder sie aus dem Wasser zu apportieren. Das Apportieren besteht aus den folgenden vier Schritten: Während Sie das Dummy werfen, muss der Hund bei Ihnen »Bei Fuß« sitzenbleiben. Dann folgt das »Markieren«, das heißt der Hund beobachtet, wohin das Dummy fällt. Erst auf das Kommando »Voran, Apport« oder »Bring« holt er das Dummy und bringt es Ihnen. Auf das Kommando »Aus« gibt er Ihnen seine »Beute« in die Hand.

Einweisen: Eine andere für das Retriever-Training typische Übung ist das »Einweisen« oder das »Dirigieren« des Hundes. Dies geschieht mit Handzeichen, der Hundepfeife oder anfangs durch Zurufe. Die Übung soll die Lenkbarkeit und den Willen des Hundes zur Zusammenarbeit trainieren. Er arbeitet dabei mit Augen und Nase. Legen Sie dazu nach rechts und links mehrere Dummies aus. Dirigieren Sie den Hund zu dem Dummy, das Sie haben möchten. Genau dieses soll er korrekt apportieren.

Schleppe: Was Ihrem vierbeinigen Freund auch viel Freude macht, ist eine »Schleppe«. Dabei arbeitet der Hund ausschließlich mit der Nase. Binden Sie ein Dummy an eine Retrieverleine, gehen Sie ohne Hund los und ziehen Sie es am Boden hinter sich her. Dann machen Sie die Leine ab, lassen das Dummy liegen und gehen im großen Bogen zum markierten Ausgangspunkt zurück. Nach Möglichkeit sollte Ihr Retriever den Verlauf der Schleppe nicht gesehen haben. Beginnen Sie mit kurzen Distanzen von 10–20 m. Führen Sie den angeleinten Hund zum Ausgangspunkt und ermuntern Sie ihn mit dem Kommando »Voran, Apport«. Rennen Sie zunächst ein kurzes Stück

mit. Dann leinen Sie ihn ab, immer mit der Aufmunterung »Voran«. Ihr Hund wird der Spur des Dummys folgen, es finden und schließlich korrekt apportieren.
Diese Trainingsprogramme stellen sehr hohe Anforderungen an Halter und Hund. Wenn Sie es mit Ihrem Vierbeiner bis zur schwierigsten Dummy-Prüfung schaffen wollen, müssen Sie konsequent trainieren. Mit Sicherheit macht das Ihnen genauso viel Freude wie Ihrem Hund.

Soviel Zeit muss sein: Nach dem Training darf der Retriever mit seinem Lieblingsspielzeug und Ihnen ausgelassen toben.

Spielzeug für Training und Vergnügen

Spielzeug	Verwendung
Socken-Dummy: Socke, mit alten Socken ausgestopft	Wunderbar geeignet für die ersten Apportierversuche der Welpen. Sie werden mit Begeisterung herumgetragen.
Schleuderball: Hartgummiball mit einer Schlaufe zum Werfen	Der Ball fliegt weiter als ein normaler Ball und der Hund kann ihn dann im hohen Gras suchen und zurückbringen.
Soft-Frisbee: spezielle Wurfscheibe aus Stoff	Besonders für die flinken Duck Toller ist das ein wunderbares Spielzeug. Sie können das fliegende Frisbee im Sprung fangen.
Waschbare Kuscheltiere: weiche Stofftiere aus Kunstfell	Eignen sich wunderbar zum Versteckenspielen und Intelligenztraining im Wohnzimmer (→ Seite 50).
Spieltau: festes, dickes Tau aus Baumwolle	Wird zum Tauziehen mit Artgenossen benutzt und von dem Hund mit Begeisterung herumgetragen.
Quietsch-Spielzeug: Gummibälle mit Quietscher	Damit kann man auch im Haus gut werfen, weil sie nicht so leicht etwas kaputt machen wie Hartgummibälle.
Futterbälle: mit Öffnungen für Leckerchen	Ideal, wenn der Hund eine Weile allein bleiben oder sich allein beschäftigen soll. Ziel des Spiels ist es, den Ball so zu drehen, dass durch die Öffnungen ein Leckerchen fällt.

Spielideen für drinnen und draußen

Nach dem Training, das nach konsequenten Regeln erfolgen sollte, brauchen Retriever Entspannung und Freude beim unbeschwerten Spiel. Sie als »Chef« müssen dann alle Fünf gerade sein lassen und

Bei Regen wird spielerisch im Wohnzimmer trainiert: Jetzt wird aufgeräumt!

ausgiebig mit Ihrem Hund toben. Das kann zum Beispiel Bällchen werfen sein – aber ohne dass der Hund warten muss, bis er rennen darf.

Suchspiel

Meine Flatcoats spielen sehr gerne »Verstecken und Finden«. Lassen Sie den Vierbeiner Personen oder Spielsachen suchen. Gerade für Kinder ist es die reinste Freude, sich zu verstecken.
Der Hund macht »Sitz« und bekommt das Kommando »Warten«. Dann versteckt sich ein Kind in Haus oder Garten und ruft ganz leise seinen Namen. Die ersten zwei oder drei Male ist das natürlich eine einfache Übung. Der Hund wittert ja, in welche Richtung das Kind gegangen ist und weiß, wo er suchen muss. Aber wenn man den Hund mehrmals suchen lässt, kreuzen sich die Fährten und damit wird es für die feine Spürnase auch schwieriger, die Richtung zu wittern.

Home-Agility

Eine andere schöne Beschäftigung ist ein eigener kleiner Agility-Parcours im Garten. Vor allem Duck Toller sind begeisterte Sporthunde. Sie flitzen durch den Tunnel, sausen Schrägen hinauf und springen über Besenstiele. Der Fantasie des Halters sind dabei keine Grenzen gesetzt.

Und wenns mal regnet?

Retriever finden jedes Wetter gut. Aber wir Menschen haben nicht immer so große

TIPP

Workout im Wohnzimmer

- Ist das Zimmer groß genug, können Sie mit dem angeleinten Hund »Bei Fuß« und »Sitz« üben. Geht das gut, üben Sie dasselbe ohne Leine – Handzeichen nie vergessen. Wenn es nicht stört, können Sie auch mit der Pfeife arbeiten. Laut pfeifen ist nicht nötig.
- Auch mit dem Dummy können Sie üben. Legen Sie den Hund ab mit »Platz« und gehen Sie in einen anderen Raum. Schicken Sie ihn »Voran« nach dem Dummy und trainieren Sie »Aus«. Wichtig: Auch im Haus muss er die Übung korrekt ausführen. Konsequenz ist das A und O.

1 Do it yourself!

Aus zwei leeren umgedrehten Flaschenträgern und einem Besenstiel kann man prima ein Hindernis bauen. Hürdenlauf im Garten ist nur eine Idee für Home-Agility. Wenn Sie auch so sportlich sind, melden Sie sich und Ihren Liebling doch in einem Hundesportverein an. Dort gibt es Trainingsgeräte und professionelle Anleitung.

2 Tunnellauf

Da guckt der junge Labrador aus der Röhre! Solche Stofftunnel sind im Fachhandel erhältlich und sorgen für Spaß im Garten. Zu Beginn der Übung kostet es manchen Hund Überwindung durch den Tunnel zu laufen. Setzen Sie sich ans andere Ende und schauen Sie ihn durch die Öffnung an. Locken Sie ihn mit einem Leckerbissen.

Lust, bis auf die Haut nass zu sein, vor allem im Herbst und Winter. Da muss es dann ein etwas kürzeres »Gassi gehen« tun. Und auch Ihr Hund kann mal einen faulen Tag einlegen. Um jedoch Langeweile in den vier Wänden vorzubeugen, empfehle ich folgendes Suchspiel:
Alle Kuscheltiere – jedes hat seinen Namen –werden zu einem Berg gestapelt oder in der Spielzeugbox in ein anderes Zimmer gestellt. Der Hund sitzt korrekt »Bei Fuß« und muss einen Moment warten. Dann wird er geschickt: »Voran, bring den Bär.« Retriever sind so schlau, dass sie nach kurzer Zeit die Namen der einzelnen Tiere kennen. Kommt er mit dem richtigen Tier, gibt es ein Leckerchen und viel Lob. Wenn er mit dem falschen kommt, heißt es: »Nein, das ist es nicht.« Und es gibt kein Leckerchen, bis das richtige gebracht wird. Damit haben Sie und Ihr Hund nicht nur Spaß, sondern Sie trainieren mehrere Dinge zugleich: Unterordnung, Sitz, Ruhe, Warten, Zusammenarbeiten und Lernvermögen.

Spiel und Arbeit unterscheiden

Egal wo Sie spielen oder üben, Sie sollten dem Vierbeiner stets ankündigen, was Sie mit ihm machen möchten. Handelt es sich um Spiel, sagen Sie »Sammy, spielen«. Dann darf ein apportiertes Spielzeug auch einfach mal vor Ihre Füße geworfen werden. Möchten Sie trainieren, sagen Sie »Sammy, arbeiten«. Jetzt sollte der Hund sein Spielzeug apportieren und korrekt auf das Kommando »Aus« in Ihre Hand geben (→ Seite 24/25).

Sportlich aktiv mit Retrievern

Ob Joggen, Reiten, Schwimmen oder Radfahren – Retriever sind wunderbare Begleithunde für sportliche Halter.
Joggen: Mit Ihnen joggen darf der Hund, wenn er etwa ein Jahr alt ist. Dann hat er Ausdauer und wenn seine Hüften gesund sind, läuft er

Die sportlichen Retriever sind tolle Begleiter für aktive Halter.

auch gerne mit. Ein paar Einschränkungen sollten Sie aber beachten: Im Sommer sollten Sie längere Joggingtouren mit dem Hund am frühen Morgen oder abends laufen. Mittags und nachmittags wird es für ihn zu heiß. Retriever sind sehr hitzeempfindliche Vierbeiner. Besonders schwarze Hunde können schnell übersäuern und Kreislaufprobleme bekommen.
Reiten: Pferde können ziemlich schnell laufen. Ihr Hund sollte über ein Jahr alt sein, bevor er diese Aktivität ausüben darf. Er muss lernen, wie man sich als Reitbegleitung richtig verhält. Da Retriever Jagdpassion haben, könnte Ihr Hund plötzlich eine Fährte aufnehmen und vor Ihnen den Weg kreuzen. Schnell passiert es, dass Ihr Pferd ihn tritt oder scheut und Sie womöglich stürzen. Sie sollten also üben, damit der Hund frei, aber kontrolliert neben dem Pferd laufen kann. Die Verletzungsgefahr für Sie, Ihren Hund und das Pferd ist sonst groß.
Radfahren: Ist er sieben bis acht Monate alt, können Sie beginnen, Ihren Retriever zum Fahrradfahren mitzunehmen. Auch hier gilt: Nehmen Sie den Hund nicht zum Radfahren mit, wenn es heiß ist. Gehen Sie zuerst nur am Rad und fahren Sie dann langsam kurze Strecken.
Bis auf die Nova Scotia Duck Tolling Retriever sind alle Retriever große Hunde und so kräftig, dass sie einen Radfah-

TIPP

Schon Welpen dürfen schwimmen

- Schwimmen ist gesund, denn im Wasser muss das Skelett das Gewicht nicht tragen und alle Muskeln werden trainiert. Schwimmen in Maßen ist der ideale Sport.
- Das Wasser soll für Welpen aber nicht zu kalt sein, auch Gewässer mit starker Strömung sind ungeeignet.
- Stark verschmutztes Wasser ist tabu. Es kann zu Magen-Darm-Problemen und Augenentzündungen führen.
- Am besten geeignet sind seichte Gewässer mit flachen Ufern, wo der Hund gut herausklettern kann oder Sie ihn zur Not herausholen können.

Da schlägt jedes Retriever-Herz höher: Baden mit dem Halter ist das Schönste.

rer umreißen können. Grundvorraussetzung für diese Aktivität ist der absolute Basisgehorsam des Hundes. Sie können auch eine spezielle Halterung verwenden, die am Fahrrad befestigt wird. Daran klinkt man die Leine ein und so haben Sie beide Hände fest am Lenkrad. Wenn der Hund nun plötzlich zur Seite zieht, können Sie nicht stürzen.

Bitte beachten Sie: Bei all diesen sportlichen Aktivitäten sollten Sie stets darauf achten, dass der Hund nicht galoppiert, sondern trabt. Das schont die Knochen und beugt auf Dauer Skelett- und Gelenkproblemen vor.

Baden und schwimmen: Die meisten Retriever schwimmen für ihr Leben gern. Suchen Sie eine Stelle am Fluss oder See, an dem auch Hunde schwimmen dürfen. Sie können Ihrem Vierbeiner keine größere Freude machen, als mit ihm gemeinsam zu schwimmen und zu Plantschen. Oder Sie werfen für ihn Schwimmdummys, die er aus dem Wasser apportiert. Nach dem Schwimmen geben Sie Ihrem Hund unbedingt Gelegenheit, sein Fell in der Sonne zu trocknen. Oder Sie rubbeln ihn mit einem Handtuch ab – vor allem, wenn es kühl ist. Zu rasch haben Hündinnen eine Blasen- und Rüden eine Nierenentzündung.

Wichtig: Lassen Sie den Hund nie mit Halsband schwimmen. Er kann sich unter Wasser verhaken, strangulieren und ertrinken. Bringen Sie ihm bei, erst auf Ihr Kommando ins Wasser zu gehen und nicht unkontrolliert hineinzuspringen. Es können Gegenstände unter Wasser sein, an denen er sich lebensgefährlich verletzen könnte.

Unterwegs mit dem Hund

Retriever sind prima Begleiter, aber der Gang durch die Stadt will geübt sein.

Gemeinsam in die Stadt

Ein Retriever sollte in einer Innenstadt mit vielen Menschen brav an der Leine gehen können. Trainieren Sie mit ihm am besten an einem ruhigeren Tag oder am frühen Vormittag. Auch das Straßen- oder U-Bahnfahren können Sie dann gut üben.

So sitzt der Duck Toller richtig angegurtet auf dem Rücksitz eines Pkws.

Überfüllte Fußgängerzonen sind für Hunde jedoch eine Qual. Obwohl Retriever groß sind, achten viele Menschen nicht darauf, wohin sie treten und schnell steht jemand auf der Pfote. Für die Prüfung zum »verkehrssicheren Begleithund« gehört zwar so ein Stadttraining, aber für einen Hund ist ein Stadtbummel sehr stressig. Lassen Sie ihn besser zu Hause.

Urlaub mit dem Hund

➤ Wollen Sie mit Ihrem Hund ins Ausland fahren, fragen Sie zuerst, welche Impfungen dort vorgeschrieben sind und prüfen Sie, ob eine Auffrischungsimpfung nötig ist.

➤ Erkundigen Sie sich, ob es in der Nähes Ihres Urlaubsorts eine Kleintierpraxis gibt.

➤ Ist die Autofahrt lange und wird Ihrem Hund leicht übel, geben Sie ihm ein homöopathisches Mittel oder Reisetabletten vom Tierarzt. Auch Jin Shin Jyutsu kann sehr gut helfen (→ Seite 41).

➤ Sind Sie am Meer, lassen Sie den Hund nur an speziell gekennzeichneten Hundeständen schwimmen.

➤ Bei einem Wanderurlaub ist eine Umhängeleine, eine Doppelführleine oder eine Leine, die man um den Bauch binden kann, sehr praktisch. Dann haben Sie die Hände frei für Walking Sticks.

TIPP

Kleiner Knigge für Halter und Hund

➤ Lassen Sie nicht zu, dass Ihr Hund an Menschen hochspringt oder sie verbellt. Das Jagen von Joggern oder Fahrradfahrern ist selbstverständlich tabu.

➤ Im Restaurant legen Sie ihn unter dem Tisch ab. Füttern Sie ihn auf keinen Fall vom Tisch oder lassen zu, dass es andere Gäste tun. Dass Sie einen Hund dabei haben, sollten die Gäste erst merken, wenn Sie gehen.

➤ Zur Entsorgung des »großen Geschäfts« haben Sie bitte immer eine Papierschaufel mit Tüte (Zoofachhandel) oder einfach eine kleine Plastiktüte zur Hand.

Nach dem Bad im Meer sollten Sie Ihren Hund mit Leitungswasser reinigen. Anschließend trocknet die Sonne das Fell.

Ausstellungen

Meist geht die Initiative, einen Retriever bei einer Ausstellung zu zeigen, von den Züchtern aus. Auf solchen Ausstellungen bekommen die Hunde eine »Formwertnote«. Die beste Note ist »Vorzüglich«. Diese Hunde kommen dem Idealbild der Rasse sehr nahe. Die nächst niedrigere Stufe ist »Sehr Gut« und wird an Hunde vergeben, die alle Vorzüge der Rasse aufweisen, sich aber an diesem Tag nicht so gut zeigen. »Gut« erhält ein Hund, der zwar die Hauptmerkmale der Rasse besitzt, aber einige Fehler hat. »Genügend« bekommt der Hund, der seinem Rassetyp nur unzureichend entspricht. Wenn Sie Ihren Hund auf einer Hundeschau vorführen möchten, müssen Sie vorher mit ihm sehr viel üben. Retriever-Vereine haben dafür ein spezielles Show-Training in ihrem Programm. Auch die meisten Züchter helfen beim »Ringtraining«, da sich ihr Nachwuchs natürlich so gut wie möglich präsentieren soll. Einige Zeit vor der Schau muss Ihr Hund sehr korrekt getrimmt und kurz davor noch einmal nachgetrimmt werden (→ Seite 37).

CHECKLISTE

Sicherheit im Auto

- ✔ Für Hunde, die auf der Rückbank mitfahren, gibt es spezielle Hundegurte im Handel.
- ✔ Transportieren Sie den Hund auf der Ladefläche, ist eine Gittertransportbox oder ein im Werk eingebautes Hundegitter eine gute Lösung.
- ✔ Muss der Hund im Auto bleiben, dürfen Sie nur im Schatten mit leicht geöffnetem Fenster parken. Lassen Sie ihn nie länger als 10 Minuten allein, weil der Schatten schnell wandert. Im Parkhaus darf er gar nicht bleiben.
- ✔ Öffnen Sie die Autotür oder Heckklappe, darf der Hund erst auf Ihr Kommando und nachdem er angeleint wurde herausspringen.

Fragen rund um Aktivitäten mit dem Retriever

? Wenn wir bei Sonnenschein mit dem Auto unterwegs sind , hechelt mein Hund trotz Klimanlage nach einiger Zeit. Und beim Parken traue ich mich nicht, die Scheiben herunter zu drehen. Was soll ich tun?
Dass der Hund trotz Klimaanlage hechelt, liegt an der Sonneneinstrahlung. Es ist ihm zu warm. Besorgen Sie sich Beschattungs-Rollos, die es im Handel für die Heckscheiben gibt. Zusätzlich stellen Sie ihm Wasser hin. Im Fachhandel gibt es Näpfe speziell für die Autofahrt, die nicht überschwappen. Beim Parken können Sie die Fenster beruhigt herunterdrehen, wenn Sie sich Scherengitter besorgen, die man in die Scheiben klemmen kann. So kommt genug Frischluft ins Auto. Im Sommer dürfen Sie den Hund aber auch dann nicht länger als ein paar Minuten im Auto lassen, sonst überhitzt er und bekommt einen Kreislaufschock.

? Mein alter Retriever kann kaum noch allein ins Auto steigen. Wie kann ich ihm dabei helfen?
Es gibt eine Art Rampe – einen Pkw-Einstieg für Hunde. Er nennt sich Easy-Loader und ist im Versand- und Zochfachhandel erhältlich. Wenn man geschickt ist, kann man so eine Rampe aber auch selbst bauen. Retriever sind sehr intelligent, und auch alte Tiere lernen ziemlich rasch, die Schräge hinaufzugehen.

? Sobald wir im Wald spazierengehen, sucht mein Hund Holzstöckchen, die wir werfen sollen. Er kaut auch auf ihnen herum und schleppt sogar halbe Bäume mit. Darf er das?
Nein, denn das ist außerordentlich gefährlich. Unterlassen Sie das Stöcke werfen unbedingt. Der Hund rennt los und kann am Stock sein, wenn er auf den Boden auftrifft, und ihn sich in den Körper rammen. Hartholz kann beim Kauen außerdem zersplittern und Magen und Darm schwer verletzen.

Badespaß: So darf Ihr Vierbeiner nur in ein absolut ungefährliches Gewässer springen.

Nehmen Sie deshalb immer einen Schleuderball, eine Soft-Frisbee oder ein Socken-Dummy mit zum Spaziergang. Haben Sie einmal gar nichts dabei zum Werfen, suchen Sie besser Tannenzapfen. An ihnen kann sich der Hund nicht verletzen. Dagegen ist das Herumschleppen von großen Ästen für Sie gefährlicher als für Ihren Hund: Sie können leicht darüber stolpern oder der Hund rammt sie Ihnen aus Versehen in die Kniekehlen.

? Unser Retriever zerrt mit Begeisterung an Tüchern oder hängt ohne loszulassen an einem Spieltau. Ist das für ihn schädlich?
Ja. Ich halte von solchen Spielen für Retriever nichts. Es sind für die Jagd »nach dem Schuss« gezüchtete Hunde. Das heißt, sie müssen Wild unverletzt, ohne Beißlöcher oder gebrochene Rippen apportieren können. Das Wild sollte ja später für den menschlichen Verzehr noch geeignet sein. Durch Selektion wurde Retrievern ein »weiches Maul« angezüchtet. Das bedeutet, dass sie ein Stück Wild bringen, ohne es zu zerbeißen. Einer unserer Retriever konnte sogar so genannte Windeier, das sind Eier ohne harte Schale, herumtragen, ohne sie zu zerstören. Wenn Sie jedoch Zerrspiele machen, stimulieren Sie den Hund dazu, hart zuzupacken und die »Beute« festzuhalten. Das ist nicht typisch für einen Retriever. Außerdem ist es ein teurer Spaß: Die Dummys sind ganz schnell durchlöchert und die Füllung rieselt heraus. Sie bringen dem Hund damit auch bei, dass er grob zupackt, wenn Sie ihm etwas geben. Spielt man mit jungen Hunden häufig auf diese Art und Weise, kann durch das Zerren und Ziehen sogar eine Zahnfehlstellung entstehen oder noch verstärkt werden.

? Mein Retriever liebt seine Stofftiere. Aber beim Apportieren gehen sie schnell kaputt. Gibt es einen preiswerteren Ersatz?
Kaufen Sie am besten Kinder-Plüschhausschuhe. Es gibt sie in Form von Bären, Igeln und vielen weiteren Tieren. Nähen Sie den Einschlupf für den Fuß zu und schon haben Sie zwei preisgünstige, waschbare, weiche Spieltiere für Ihren Hund.

MEINE TIPPS FÜR SIE

Brigitte Schneidermann

Wo wird trainiert?

- Grundsätzlich gilt: Wenn Sie nicht auf Ihrem eigenen Grundstück oder in einem öffentlichen Park sind, müssen Sie die Erlaubnis des Eigentümers einholen, um dort üben zu dürfen. Dies gilt für Wiesen an einem Fluss, die einem Bauern gehören, Waldstücke, die verpachtet sind und auch für Äcker und Felder.
- Deshalb mieten Landesgruppen der Retrieverclubs Grundstücke oder haben eigene Übungsgelände. Diese sind oft eingezäunt. Viele Trainingssituationen sind so besser in den Griff zu bekommen.
- Auch wenn Sie kein »Vereinsmensch« sind, bedenken Sie: Der Verein ermöglicht Ihrem Retriever in einer Gruppe Spiel, Spaß und Kontakt mit Artgenossen.
- Noch ein Pluspunkt: Sie bekommen Anleitung von Personen, die Trainingserfahrung haben. Und auch über Gesundheitsfragen können Sie sich hier austauschen.

Halbfett gesetzte Seitenzahlen verweisen auf Abbildungen, U = Umschlagseite.

Adressen

Verbände/Vereine

- Fédération Cynologique Internationale (FCI), Place Albert 1er, 13, B-6530 Thuin, www.fci.be
- Verband für das Deutsche Hundewesen e.V. (VDH), PF 104154, D-44041 Dortmund, www.vdh.de
- Österreichischer Kynologenverband (ÖKV), Siegfried-Marcus-Str. 7, A-2362 Biedermannsdorf, www.oekv.at
- Schweizerische Kynologische Gesellschaft (SKG/SCS), PF 8276, CH-3001 Bern, www.hundeweb.org
- Golden Retriever Club e.V. (GRC), Geschäftsstelle: Jürgen Rüter, Franz-Poppe-Str. 2, D-26655 Westerstede, www.grc.de
- Deutscher Retriever Club e.V. (DRC), Dörnhagener Str. 13, D-34302 Guxhagen, www.drc.de
- Labrador Club Deutschland e.V. (LCD), Geschäftsstelle: Markenweg 2, D-48653 Coesfeld, www.labrador.de

AN UNSERE LESER

- Die vorgestellten Regeln beziehen sich in erster Linie auf normal entwickelte Welpen aus guter Zucht, das heißt auf gesunde, charakterlich einwandfreie Tiere.
- Auf Grund schlechter Erfahrungen mit Menschen können Hunde zu Verhaltensauffälligkeiten neigen. Diese Hunde sollten nur von erfahrenen Hundehaltern aufgenommen werden.

Retriever im Internet

Viel Wissenswertes rund um Hunde wie Gesundheit, Ernährung und Urlaub finden Sie auf diesen Internetseiten:

- www.hundewelt.de
- www.retrieverclub.at
- www.retriever.ch
- www.labrador-in-not.de

Informationen über giftige Pflanzen erhalten Sie unter:

- vetpharm.unizh.ch/perldocs/toxsyqry.htm

Fragen zur Ausstattung beantworten

Ihre Zoofachhändler und der Zentralverband Zoologischer Fachbetriebe Deutschlands e.V. (ZZF), Tel.: 06103/910732 (nur telefonische Auskunft möglich: Mo 12–16 Uhr, Do 8–12 Uhr), www.zzf.de

Registrierung

- TASSO-Haustierzentralregister e.V., Frankfurter Str. 20, D-65795 Hattersheim, Tel. 0 61 90/93 73 00, www.tiernotruf.org
- Internationale Zentrale Tierregistrierung (IFTA), Weiherstr. 8, D-88145 Maria Thann, Tel. 0 08 00/84 37 73-44 78 37 (kostenlos), www.tierregistrierung.de
- Deutscher Tierschutzbund e.V., Baumschulallee 15, D-53115 Bonn, www.tierschutzbund.de

Bücher

- Hegewald-Kawich, H.: Hunderassen von A–Z. Gräfe und Unzer Verlag, München
- Ludwig, G.: Das große GU-Praxishandbuch Hunde. Gräfe und Unzer Verlag, München

Zeitschriften

- Partner Hund. Gong Verlag, Ismaning
- Unser Rassehund. Herausgeber: Verband für das Deutsche Hundewesen e.V. (→ Adressen), Dortmund

Die Autorin

Brigitte Schneidermann züchtet und hält seit vielen Jahren Flat Coated Retriever. Von 1984–90 war sie Zuchtwartin des Deutschen Retriever Clubs e.V. für Flat Coated, Curly Coated, Chesapeake Bay und Nova Scotia Duck Tolling Retriever. Heute ist sie JSJ-Praktikerin und strömt auch Vierbeiner. In diesem Ratgeber gibt sie ihr vielfältiges Wissen über Retriever weiter.

Die Fotografin

Ulrike Schanz arbeitet als freie Fotodesignerin und hat sich erfolgreich auf Tierfotografie spezialisiert.
Juniors/Wegler: S. 12 mi.;
Wegler: S. 10 re., 13 li.

Impressum

Redaktion: V. Sonnleitner
Lektorat: Barbara Kiesewetter

Zeichnung S. 37: R. Holzner
Layout: independent Medien-Design, München
Satz: Uhl + Massopust, Aalen
Produktion: Bettina Häfele
Repro: Fotolito Longo, Bozen
Druck und Bindung: Kaufmann, Lahr
Printed in Germany
ISBN (10) 3-8338-0058-5
ISBN (13) 978-3-8338-0058-0

Auflage	4.	3.	2.	1.
Jahr	2009	08	07	06

GRÄFE UND UNZER

Ein Unternehmen der
GANSKE VERLAGSGRUPPE

Das Original mit Garantie

Ihre Meinung ist uns wichtig. Deshalb möchten wir Ihre Kritik, gerne aber auch Ihr Lob erfahren. Um als führender Ratgeberverlag für Sie noch besser zu werden. Darum: Schreiben Sie uns! Wir freuen uns auf Ihre Post und wünschen Ihnen viel Spaß mit Ihrem GU-Ratgeber.

Unsere Garantie: Sollte ein GU-Ratgeber einmal einen Fehler enthalten, schicken Sie uns das Buch mit einem kleinen Hinweis und der Quittung innerhalb von sechs Monaten nach dem Kauf zurück. Wir tauschen Ihnen den GU-Ratgeber gegen einen anderen zum gleichen oder ähnlichen Thema um.

GRÄFE UND UNZER VERLAG
Redaktion Haus & Garten
Stichwort: Tierratgeber
Postfach 86 03 25
81630 München
Fax: 0 89/41 98 1-1 13
E-Mail:
leserservice@
graefe-und-unzer.de

> GU-Experten-Service

Haben Sie Fragen zu Haltung und Pflege? Dann schreiben Sie uns (bitte Adresse angeben). Unsere Expertin Brigitte Schneidermann hilft Ihnen gern weiter. Unsere Adresse finden Sie rechts.

Mein Retriever

Name: ____________________

So füttere ich ihn:

____

____

____

Lieblingsspiele und Spielzeug:

____

____

____

So will er gepflegt werden:

____

____

____

Das sind seine Eigenheiten:

____

____

____

Besondere Kennzeichen:

____

____

____

Das ist sein Tierarzt:

____

____

____

AUS GUTEM HAUS

Kaufen Sie Ihren Retriever nur bei einem **guten Züchter**. Er beantwortet geduldig Ihre Fragen, zeigt Ihnen seine Hunde und hilft bei der Auswahl eines Welpen. Beim Kauf übergibt er alle **wichtigen Papiere** wie Ahnentafel, Impfpass, Stammbaum und Kaufvertrag.

Wohlfühl-Garantie für Retriever

GUTE ERZIEHUNG

Sprechen Sie rechtzeitig mit der Familie ab, was Ihr Hund darf und was nicht. **Klare Regeln** sind das A und O der Erziehung. Bringen Sie ihm zunächst geduldig die **Basiskommandos** »Komm«, »Sitz«, »Platz« und »Bei Fuß« bei. Reichlich Lob ist die beste Motivation!

ERNÄHRUNG NACH PLAN

Füttern Sie Ihren Retriever mit **altersgerechtem Futter**. Nur so bekommt er alle Nährstoffe. Menschenkost und Süßigkeiten sind tabu! Als **Leckerchen** zur Belohnung gibt es spezielle Hunde-Knabbereien und Hundekekse – diese reinigen zugleich die Zähne.

RUNDUM GEPFLEGT

Regelmäßiges Bürsten und Kämmen gehören zur **Routine-Pflege**. Dabei kontrollieren Sie auch Augen, Ohren und Gebiss. Achten Si beim **Trimmen** darauf, dass Sie die Rände der Ohren und die Schwimmhäute zwischen d Zehen nicht verletzen.